일시정지는
처음이라

내 마음의 속도대로 살아도 충분히 괜찮아!

일시정지는 처음이라

초판 1쇄 인쇄 2020년 11월 20일
초판 1쇄 발행 2020년 11월 25일

지은이 정보람

발행인 백유미 조영석
발행처 (주)라온아시아
주소 서울특별시 서초구 효령로 34길 4, 프린스효령빌딩 5F

등록 2016년 7월 5일 제 2016-000141호
전화 070-7600-8230 **팩스** 070-4754-2473

값 13,800**원**
ISBN 979-11-90820-93-6 (03190)

※ 라온북은 (주)라온아시아의 퍼스널 브랜드입니다.

내 마음의 속도대로 살아도 충분히 괜찮아!

일시정지는 처음이라

정보람 지음

RAON BOOK

프롤로그

뜻밖의 나를 만나며 달라지고 있는 모든 이들을 위하여

2020년은 내 인생에서 잊지 못할 해가 될 것이다. 나뿐만이 아니라 모두에게 잊지 못할 한 해일 것이다. 그 누구도 경험해본 적이 없는 '코로나19' 사태로 인해 그동안 우리가 누려왔던 소중한 일상이 달라졌다. 마스크가 없이는 외출을 그리고 운동을 할 수 없는 날이 오리라고 그 누가 생각했을까? 2020년 초만 하더라도 상상도 할 수 없던 일들이 지금은 매우 오래된 '현실'이 되어버렸다.

이런 '비현실적인' 현실에 나는, 나의 의지와는 상관없는 휴직 기간을 맞이했다. 20년간 회사만 바라보며 직진하던 나는, 사람들과 함께 어울려 회식을 즐겨하던 나는 그리고 소소한 취미를 즐기던 평범한 샐러리맨이었던 나는, 뜻밖의 나를 만나며 달라지고 있는 중이다. 강제 휴직(?) 기간이 아니었다면 절대 알 수 없었던, 그냥 지나쳐왔던 모든 일상의 소중함과 나 스스로에 대한 믿음과 특별함을 알아가고 있다.

나는 내 마음의 속도를 찾아가고 있다. 시속 100킬로미터로 달리며 생활하던 나에게 속도를 줄이며 천천히 가는 법, 돌아가는 법을 가르치고 있다. 인성에 문제는 없었는지, 나를 다그치며 살지는 않았는지, 누구에게 의도치 않게 상처를 주지는 않았는지, 스스로를 천천히 돌아보는 중이다.

누구에게나 그런 타이밍이 있을 것이다. 의도치 않게 사소한 작은 사건 하나가 인생에 영향을 끼쳤던 그런 순간들 말이다. 나는 휴직 기간 내가 미처 알지 못했던 내 몸 속의 척추 에일리언과 만나며 생활 습관을 되돌아볼 수 있었고, 지금은 좀 더 나아지는 방향으로 자세와 태도를 바꾸는 중이다. 몸과 마음을 수련하면서 내 몸과 마음의 상태가 변화되는 과정들을 하나하나 기록해나가고 있다. 오늘은 어제보다 나은 나이고 내일은 오늘보다 나은 내가 되고 싶고 또 되리라는 믿음도 유지하려 애쓰는 중이다.

휴직 기간 동안 내 마음을 심연으로 가라앉히지 않기 위해 그리고 척추 에일리언에서 벗어나기 위해 매일 아침 5시에 일어나 명상을 하며 호흡과 함께 수련하고 있다. 회사 복귀 후에 직원들과 함께 건강한 심신을 유지하기 위해 요가 강사 자격증도 땄다. 서울대경영대학원 포스트아카데미 과정도 수료했고, 토슈즈 신고 발레 콩쿠르를 준비했으며, 배움 카드로 내 옷을 만들 수 있는 기능도 미흡하나마 습득했다. 나라에서 제공하는 무료 배움터에서 영상 제작 과정도 배우는 중이다. 그리고 이 글을 쓰고 있다.

평범한 20년 차 샐러리맨인 내가 글을 쓰게 되리라고 상상도 못 했지만 쓰고 있지 않은가?

모든 일은 마음먹기에 달려 있다. 내 마음이 어느 방향으로 향하느냐, 어떤 속도로 가느냐에 따라 한 끗 차이로 내가 가는 목적지가 달라진다. 내가 가고자 하는 곳이 어디인지, 어떻게 가야 하는지, 내 몸과 마음을 스스로에게 잘 알려주어야 한다.

내 인생의 주인은 나이며 다른 사람이 아니다. 나는 심연으로 가라앉을 뻔한 나의 마음을 끌어올리며 빛나는 인생을 준비하고 있다. 온전히 나에게 집중하고 나와 마주하는 시간, 나의 머리부터 발끝까지 호흡으로 느껴보는 시간, 나의 척추를 올바르게 하는 시간, 몸을 아름답게 만드는 시간, 나에게 약속하는 시간, 매순간 감사하는 시간, 긍정 에너지를 최고로 높이는 시간, 특별해지는 시간들을 맞이하며 감사하는 법을 배우고 있다.

현재 우리는 너무나 불안정한 뷰카(VUCA)[변동성(Volatility), 불확실성(Uncertaninty), 복잡성(Complexity), 모호성(Ambiguity)] 시대에 살고 있다. 코로나19처럼 어떤 일이 어떻게 또 닥칠지 알 수 없고, 수명은 점점 길어질 게 확실하기 때문이다.

시작하기에 늦은 나이는 없다. 오늘의 내가 제일 젊은 나이니 하고 싶은 일이 있다면 무조건 시작하면 된다. 시작이 반이다. 오늘 말고 내일은 없다. 한 치 앞도 알 수 없는 게 인생인데 내일 어떤 일이 있을지는 아무도 모르지 않나? 코로나19가 우리를 이렇게 갑자기 덮치고 불안에 떨게 할지 누가 예상이나 했을까? 내가 휴직을 할 거라는 상상도 못했던 순간이 현실이 된 지금이다. 그러니 하고 싶은 일이, 해야 할 일이 있다면 바로 지금!

이 순간! 실행하자. 일어나서 침대를 정리하는 작은 변화라도 좋고, 명상과 함께 스트레칭을 1분씩만 해도 좋고, 웃으며 먼저 인사를 해도 좋다.

내 마음의 속도를 찾으며 너무 빠르지도 느리지도 않게 나의 마음을 내가 지키자. 지금의 나를 위해, 미래의 나를 위해, 소중한 사람들을 위해!

정보람

차 례

4장 — 스스로를 특별하게 생각하라

5장 — 사회생활에도 삶에도 속도조절이 필요하다

1장

온전히
나에게 집중하고
나와 마주하자

마음의 속도대로 사는 것이 왜 중요할까?

벼락같이 찾아온 강제 휴식

2020년 4월, 20년을 한 직장에서 열심히 앞만 보고 직진만 하던 나에게 갑자기 강제 휴직이 찾아왔다. 코로나19가 전 세계를 강타하면서 휴직이라는 초유의 사태를 나 또한 피할 수 없었던 것이다. 산휴도 육아휴직도 한번 해본 적 없고, 1997년 IMF 사태 때도 2주 휴가를 내본 것 말고는 길게 쉬어본 적이 없던 터라, 나는 일시적으로 '멘붕'에 빠졌다. '멘탈 갑 오브 갑'이라고 생각되는 나에게도 너무 충격인 사건이었다. 회사 창립 이래 처음으로 휴업이 결정되었고, 직원의 70퍼센트 이상이 무조건 휴직을 해야 했다.

'이대로 휴직이 장기화하면 어떡하지?'

'휴직을 하다가 설마 계속 쉬게 되는 건 아닐까?'

나의 의지가 아닌 외부의 영향으로 맞이한 강제 휴직에 마음이 답답하고 눈앞이 막막했다. 앞으로 닥쳐올 휴식의 시간이 서글프고 무섭게까지 느껴졌다.

4월은 가장 잔인한 달
죽은 땅에서 라일락을 키워내고,
기억과 욕망을 뒤섞어,
잠든 뿌리를 봄비로 깨운다.
겨울은 오히려 따뜻했지요.

영국의 시인 T. S. 엘리어트가 〈황무지〉라는 시를 이렇게 시작했던가. 2020년 4월은 나에게도 잔인한 달이었다. 겨울이 오히려 따뜻했던 것 같다.

'어떡하지? 무얼 해야 하지?'

'복귀 후에 내 자리는 있을까?'

'우리 회사는 앞으로 어떻게 되는 거지?'

안 좋은 생각들이 꼬리에 꼬리를 물고 이어졌다. 무슨 일이라도 할 수 있을 줄 알았는데 아무것도 할 수 없는 상황에 너무 상심했다.

2020년 봄, 이 일은 나에게만 일어나지 않았다. 직장에 다니던 많은 사람들이 직장을 쉬게 되었고 또 더러는 직장을 잃었다. 모든 사람들이 이런 상황을 예측하지 못했기에 대비하지도 못했다. 사스 때도 메르스 때도 이 정도는 아니었는데…….

모든 일들이 비정상적으로 느껴졌다. 회사 분위기는 침체되었고, 나 자신도 모르는 사이에 나는 침울해졌다. 말도 없어지고, 목소리도 작아졌다. 계속 나아지겠지, 코로나가 잠잠해지겠지, 일주일만 지나면, 한 달만 지나면 되겠지, 이렇게 머릿속으로 되뇌었다.

그런데 불행하게도 아니었다. 계속 확진자가 나왔고 세계 각국의 빗장은 점점 굳게 닫혔다. 매일 공지 사항에 입국 제한 국가들 관련 내용들을 정리하면서 한숨이 저절로 나왔다. 전 세계 항공기가 들어가는 국가는 거의 다 대상되었다. 입사 20년 만에 이런 막막한 기분은 처음이었다.

마음을 다잡는 수밖에 없었다

얼마 지나지 않아 복귀하겠지 하는 작은 희망을 가지고 휴업 중 업무 절차들을 정리하면서 마음을 다잡기 시작했다. 일단 휴업 기간 동안 정신을 바로잡는 게 무엇보다 중요하다고 생각했다. 이런저런 걱정으로 한숨만 쉬고 달력만 보면서 하루를 보낼 수는 없었다.

다들 힘들고 불안한 시기, 나 자신에게 집중하기로 결심했다. 맨 먼저 무엇을 하면 좋을지 우선순위를 생각해보았다. 이런 작은 마음의 변화가 인생의 기분 좋은 회오리바람을 몰고 오기를 기대하며. 4월은 더 이상 나에게 잔인한 달이 아닐 것임을 확신하며.

집 안에 틀어박혀 있을 때 울적한 마음을 달래준 것은 〈미스터 트롯〉이라는 프로그램이었다. 노래를 들으며 마음의 위안을 삼고 오늘 하루를 웃었다. 많은 분들이 나와 같았으리라 생각한다.

미스터 트롯 진을 차지한 임영웅 가수가 자동차 CF를 찍었다. "이제 막 인생이 재미있어지기 시작했다. 나의 빛나는 인생을 위해"라는 내레이션을 하면서 멋있게 차에 올라탄다. 그 내레이션이 잊혀지지 않는다. 나도 그렇다. 인생이 정말 재미있어지기 시작하고 빛나기 시작할 것 같았다. 코로나19는 나에게만 닥친 것이 아니니, 주눅 들어 있을 수만은 없었다.

휴직을 시작하면서 나의 마음을 심연으로 가라앉게 할 수 없다는 각오로 요가 강사 자격증 반에 무작정 등록했다. 운동은 꾸준히 해왔고 요가 동작들도 얼추 따라 할 수 있는 수준이어서 자신이 아예 없지는 않았다. 무엇보다 심신을 동시에 단련해주는 것은 요가가 가장 좋을 것 같았다.

제대로 숨 쉬기가 이렇게 중요했다니

GX(Group Exercise) 요가 수업에서 늘 명상으로 시작하던 강사님이 있었다. 그때는 요가 자세와 동작[흔히 아사나(Asana)라고 통칭한다]을 좀 더 하지 명상을 왜 그리 오래 할까 하는 생각도 했다. 하지만 돌이켜보니 그때 길지 않은 시간이었지만 나름 마음의 안정을 찾았던 기억이 있다.

요가 강사 자격증을 위한 수련을 하면서 강사님으로부터 가장 많이 들은 단어는 "호흡하세요"였다. 강사님은 어떤 동작을 하든지 "호흡하세요, 더 깊게 하세요"라고 했다. 동작이 안 되고 근육이 아플수록 "멈추지 말고 호흡 하세요"라며 목이 아프도록 말했다. 호흡을 하고 있는데 계속 호흡을 멈추지 말라니, 더 깊게 하라니, 지금도 눈을 감으면 강사님 목소리가 생생하게 들리는 듯하다.

"호흡하세요."

우리가 무의식적으로 제일 많이 하는 게 호흡이다. 1분에 15~20회, 한 시간이면 약 900~1,200회, 1년이면 무려 788만여 회~1051만여 회 정도 호흡을 한다. 호흡 횟수는 나의 컨디션에 따라 달라진다. 화가 나거나 스트레스를 받으면 빨라지고, 마음이 안정되거나 편안한 상태에서는 호흡이 느려진다.

강사님이 호흡을 강조하니 명상을 하면서 호흡에 집중해보기로 했다.

'매일 나도 모르게 하는 호흡인데 집중해서 한다고 뭐가 달라질까?', '어떤 변화가 올까?' 이런저런 의문점이 스멀스멀 올라왔지만 호흡과 함께 온전히 나를 느껴보기로 결심했다.

좌우 시력이 0.2 정도로 안 좋은 편인데도 나는 렌즈나 안경 없이 사는 데 별로 불편함을 느끼지 않는다. 사람을 보면 무조건 인사하고, 회의 시간이나 교육을 받을 때는 맨 앞자리에 앉으면 별다른 지장이 없었다. 안 보이면 옆 사람한테 살짝 물어보고, 주로 업무는 PC로 하니 문제될 게 없었다.

시력이 나쁜 반면 나는 청각이 발달되어 있는 편이다. 일명 '소머즈' 귀를 가지고 있다. 멀리서 오는 사람의 발소리도 알아챈다. 시각이 둔한 대신 청각이 열일하고 있다고 보면 된다.

요가 수업에서 나는 눈을 감고 귀를 더욱 열기로 했다. 그러고는 호흡의 흐름에 집중했다. 생각보다 제대로 숨 쉬기가 매우 힘들었다.

내가 알던 요가는 요가가 아니야

나는 알고 지내던 GX 강사님에게 진지하게 물어봤다. 휴업 기간 동안 요가 강사 자격증을 따서 나눔을 하고 싶다고 말이다. 강사님은 가능한 방법을 알려주었다. 대신 단시간에 수련해서 자격증을 취득한다고 해도 요가 수업을 할 수 있는 게 아니므로 처음 배울 때 좋은 스승 밑에서 체계적으로 기본을 잘 배우는 게 중요하다고 했다.

강사님이 알려준 정보를 기초로 휴직 기간에 배울 수 있는 곳을 찾았다. 집에서 30분 내외로 멀지도 않았고, 후기도 나쁘지 않았다. 회사가 휴업을 시작하는 바로 당일 곧바로 찾아가 등록을 하고 수업에 참여했다.

강사님은 이미 수업을 받고 있는 수련생들에게 자기소개를 하라고 했다. 조금 멋쩍고 당황스러웠지만 일단 이름과 나이, 직업, 이곳에 온 이유 등을 이야기하고 자리에 앉았다. 수련생들은 20대가 대부분이었고 30대가 한두 명 그리고 40대 중반은 나 하나였다.

나는 맨 앞자리 정중앙에 앉아서 강사님의 강의를 빼곡히 적기 시작했다. 이론 수업이 끝나면 그날 진도를 나가야 할 동작에 대한 설명이 이어졌다. 강사님이 시범을 보여주면 우리가 그 자세를 따라 하면 되었다. 타다사나(Tadasana)라는 서 있는 자세로 시작하는데 여기서부터 온몸에 땀이 나기 시작한다. 몸의 중심을 찾고 척추를 바르게 정렬하고 복부에 힘을 주었다.

그런데 이 동작들은 내가 알던 요가 자세가 아니었다. 이후의 동작들은 더 말할 것도 없었다. 강의실에서 비명 소리, 곡소리가 나기 시작했다. 잘못된 자세를 취하고 있거나 자세가 안 되면 강사님이 몸의 정렬을 맞춰주고 바르게 해주었다. 그때마다 이미

굳어진 몸이 뜨겁게 저항하면서 반응했다. 그러면 나도 모르게 비명 소리가 나왔다.

"밖에서 누가 들으면 내가 고문하는 줄 알겠어요. 호흡 깊게 하세요."

강사님은 내가 소리를 지를 때마다 침착한 소리로 나를 잠재웠다. 정말 놀라운 건 강사님의 자세였다. 안 될 것 같은 자세가 호흡을 깊게 할 때마다 완성되는 것이다. 호흡이 이렇게 중요한 것이었다니. 마치 호흡을 할 때마다 몸이 근육 속으로 깊이 침잠하는 것 같았다.

강사님은 해부학 공부도 많이 했다고 했다. 나는 매 시간 가장 일찍 도착해서 맨 앞자리 정중앙에 매트를 깔고 앉아 혼자 공부하기 시작했다. 요가나 에어로빅 등 대개의 운동들은 보통 첫날 자기 자리가 정해지기 마련이다. 새로운 회원이 계속 들어오기 때문에 자신이 마음속에 생각한 자리를 확보하려면 일찍 움직이는 수밖에 없었다.

뒷자리로 가면 글씨든 자세든 잘 보이지 않으니 최대한 집중하려면 앞자리가 제일 좋다. 강사님께만 집중하면 되고 뒷자리는 사실 다른 사람들이 더 많이 보이기 때문에 남과 비교하며 내 모습에 좌절할 수도 있다. 나에게 어떤 상황이 닥칠지 알지 못한 채 나의 요가 강사 도전기는 시작되었다. 이왕 시작한 거 최선을 다하겠다고 스스로 다짐했다.

내 마음의 속도를 찾아가기로 했다

사람에겐 저마다의 속도가 있다고 생각한다. 내 속도는 빨리 빨리, 신속하고 완벽한 것이었다. 속도를 낼 줄만 알았던 내게 쥐도 새도 모르게 찾아온 강제 휴식은 한편으로는 두려웠다. 멈춤의 의미를 몰랐던 내게 매우 생경한 일이었다.

초반 며칠은 잔인한 4월을 느끼며 잠이 들 때마다 이불 속에서 남몰래 걱정을 태산같이 했다. 그러나 속도를 맞추며 가보기로, 지금 주어진 휴식의 시간에 바닥으로 가라앉지 않기로 결심하면서 그간 못했던 일을 할 기회를 만들어보기로 했다. 그 첫 번째가 요가와 명상, 호흡을 찾아가는 길이었다.

아침 5시,
나와 마주하는 첫 시작

당신에게 5시는 새벽인가 아침인가?

우리는 보통 아침 5시라고 하지 않고 새벽 5시라고 한다. 여행을 가거나 특별한 행사가 있거나 시험이 있지 않으면 5시는 익숙하지 않은 시간이다. 나에게도 5시는 새벽이었고, 많은 사람에게 그렇듯 5시는 새벽 5시였다.

20~30대는 스킨스쿠버다이빙에 흠뻑 빠져 살았다. 처음 느껴보는 무중력의 상태, 우주에 떠 있는 것 같은 느낌, 스킨스쿠버다이빙을 하다 아름다운 바닷속 형형색색 물고기들을 구경하다 보면 나도 모르게 점점 더 깊이 들어가게 된다.

정신을 잠깐 놓고 있으면 나도 모르는 사이 깊이를 알 수 없는 심연으로 가라앉는 느낌이 든다. 이때 너무 깊이 들어가면 감압을 하는 타이밍을 놓쳐서 몸에 큰 무리가 오고 심각한 상황이 될 수도 있다(잠수했다가 수면 위로 올라오기 시작하면 주변의 압력이 감소하는 과정에서 몸에 불활성가스가 생기는데, 이 가스를 천천히 제거하면서 올라오는 것이 매우 중요하다. 자신이 얼마나 깊이 들어갔는지 가늠하지 못하거나 바닷속에서 자신의 위치를 상실하면 자칫 자신도 모르게 감압을 빠르게 해서 위험한 상황이 올 수도 있다).

나의 마음은 바닷속 심연으로 가라앉는, 그냥 두면 어디까지 내려갈지 모르는 상태였다. 이런 나에게 새벽 5시는 특별하고 각별한 선물을 주었다. 지금 나에게 5시는 아침 5시다. 특별한 이벤트가 있는 것도 아니고 여행을 가는 것도 아니지만 하루의 시작은 5시다.

그렇다면 굳이 왜 5시일까? 사람마다 느끼는 시간의 감정이 있을 텐데 나의 경우 4시는 너무 새벽 같고, 6시는 너무 아침 같고, 7시는 너무 늦은 시간 같다. 나름 하루를 시작하는 기준을 삼은 시간이 5시다. 숫자도 너무 예쁘지 않은가? 5시는 내가 매일 아침 하는 요가 아사나 중에 '우카타사나(Utkatasana)'라는 동작과 아주 많이 닮았다.

그래서 5시다. 어떤 날은 어슴프레 동이 트는 걸 볼 수 있고, 또 어떤 날은 이미 올라와 있는 태양을 볼 수 있고, 겨울 같고, 가을 같고, 봄여름 같은, 4계절을 다 가지고 있는 시간이다. 이른 아침, 5시에 일어나 호흡과 명상을 시작하면서 과거의 나에게 안녕을 고했다.

지금 바닷속인가?

명상과 호흡을 할 때 잔잔한 요가 음악이나 클래식 음악을 들으면 집중이 잘된다. 자연의 소리를 약한 피아노 소리나 하프 소리와 함께 들려주는 채널들이 있다. 눈을 감고 새소리, 물소리를 들으면서 호흡을 하면 집 안에 있지만 점점 숲속에, 들판에, 물속에 있는 느낌들이 살아난다. 자연 속에서 느낄 수 있는 그런 기분 말이다.

이렇게 시간을 보내다 보면 기분이 점점 좋아지고 몸이 건강해지는 것 같고 마치 날아갈 것도 같다. 사실 호흡 속에서는 날고 있는 것과 다름없다. 척추를 바로 세우고 눈을 감은 채 숨을 들이쉬고 내쉴 때면 가끔 머리끝부터 발끝까지 '바닷속인가?'라는 느낌이 들 때가 있다. 그러고는 곧바로 무중력상태에 들어가 날아오는 듯한 느낌을 받는다. 무중력상태야말로 나는 거 아니겠는가? 그렇게 온전히 나에게 집중하는 시간을 맞이한다. 그동안 나에게 얼마나 집중하며 살았나? 다른 일들에 휩쓸려 온전하게 나를 못 본 것은 아닐까?

그동안 나는 앞만 보고 달려갔다. 업무가 주어지면 무조건 직진하고, 일을 못 마치면 혼자 안달복달 괴로워하며 스트레스받는 평범한 직장인이었다. 최근 명상을 하면서 이런저런 음악을 많이 듣는데 얼마 전 고(故) 유재하 님의 '가리워진 길'이라는 노래를 다시 한 번 들었다.

"보일 듯 말 듯 가물거리는 안개 속에 싸인 길, 잡힐 듯 말 듯 멀어져가는 무지개와 같은 길……."

지금 이런 가리워진 길을 걷는 것 같은 기분이다. 가리워진 길을 보이는 길로 만들기 위해 나는 더 나아간다. 나의 마음과 몸을 최상의 상태로 만들고 좀 더 나은 사람이 되기 위해 정진한다.

이른 5시, 호흡과 명상의 시작과 함께 과거의 나에게 안녕을 고하면서 나는 '다.양.한.나.'를 만나는 시간을 갖게 되었다. '다.양.한.나.'는 아침에 하는 나만의 루틴을 줄인 말이다. 매일 아침 정해진 스케줄대로 호흡과 함께 명상과 요가를 하며 나를 단련했다. 매일 감사한 일들, 개선해야 할 일들을 기록하며 조금씩 변화되는 내면의 나와 외면의 나를 발견하기 시작했다. 마음이 평온해지고 시간에 대한 나의 태도, 사람에 대한 태도, 나 자신에 대한 태도들이 발전되고 있음을 느꼈다.

이런 나의 변화들을 다른 사람들과도 나누고 싶다는 생각이 문득 들었다. 책을 써서 내가 느낀 이런 순간들, 감사한 마음들을 많은 사람들과 공유하면 어떨까? 평범한 20년 차 직장인인 내가 책을 쓸 수 있을까? 나 스스로에게 자문했다. 예스(답은

Yes)! 안 된다고 생각하지 말자. 이제 시작이다.

나는 BR이다

BR은 베스킨라빈스인가? 아니다. BR은 회사에서 친한 동료들이 나를 부르는 또 다른 애칭이다(BR, 비알, 삐알, 삐아리 등등). 후배들은 비알 차장님, 선배들은 비알, 친구들은 삐아리 식으로 부른다. 그래서 나는 항상 이메일 끝에도 'BR DREAM'을 표기한다.

보람이라는 이름이 남자 같기도 하고 흔하기도 해서 이메일이나 전화가 잘못 걸려온 적도 많다. 그래서 나는 이렇게 'BR'이라고 불러주는 게 너무 좋다. 이런 특별한 애칭이 좋은 나는 매일 아침마다 하는 특별한 시간들을 자동적으로 할 수 있도록 이름을 붙였다. 일명 'BR'의 모닝 루틴!'

예전 광고에 많이 나오는 문구처럼 말이다.

"10분만 투자하세요. 당신의 몸이 달라집니다!"

몸은 기본이고 마음까지 그리고 인생이 달라진다. 과대광고 같은가? 아니다. 내가 경험하고 있고, 특별해지고 있다. 일단 'BR의 모닝 루틴'에 동참하시라! 날마다 상쾌한 출발이 보장될 테니.

- 다 : 5시에 무조건 일어난다(본인이 정하는 시간대면 상관없다. 가능하면 5시).
- 양 : 양치를 무조건 하고 물을 한 잔 마신다(좀 과하지만 센 치약으로 양치질을 한다. 잠이 확 깬다).
- 한 : 한곳에 집중한다(요가복 또는 운동복으로 갈아입고 아로마 향초를 들고 명상 장소로 이동한다. 향초는 취향에 따라 선택하면 된다. 물론 없어도 된다).
- 나 : 나를 온전히 만나는 시간이다.
  - 새소리와 피아노 소리가 깔려 있는 채널을 틀고 아로마 향초를 켠다.
  - 채널을 선택할 때는 광고 없는 것으로 고른다. 갑자기 광고가 나오면 호흡이 흐트러질 수 있다.
  - 척추를 곧게 세우고 눈을 감고 호흡에만 집중한다. 나의 척추에 관광용 엘리베이터가 있다고 생각하고 천천히 코로 들이마시고 입으로 내쉰다(소리를 내도 상관없다).

'다.양.한.나.'가 힘든 사람도 있을 것이다. 그럴 경우 아침에 눈을 떴을 때 누운 상태에서 기지개를 한두 번 켜고(잉어처럼 왔다 갔다 한다), 그 상태에서 호흡에 집중한다. 이가 없으면 잇몸으로 하면 된다. 천천히 나한테 집중하고 호흡하는 순간이 무엇보다 중요함을 명심할 것!

의지가 아니라 환경을 만들자

상황을 믿어라

체체파리라고 들어보았는지? 아프리카에 서식하며 모기처럼 피를 빨아먹는데 사람에게 수면병을 옮기는 중간 숙주다. 시트콤 〈거침없이 하이킥〉에서 배우 이순재 님이 아프리카 봉사활동을 다녀오고 나서 수면병 증상이 나타나자 식구들이 체체파리에게 물렸다 안 물렸다를 놓고 설왕설래했던 일화에 등장한 바로 그 파리다.

내가 그렇다. 잠이 너무 많아서 체체파리한테 물린 거 아니냐며 어떻게 그렇게 잠을 잘 자는지 궁금해하는 사람들이 많았다. 이런 내가 5시에 일어나는 루틴을 만들다니, 얼마나 힘들었을지

아는 사람은 알고 모르는 사람은 모를 것이다.

나를 포함한 보통의 사람들은 자기 자신에게 관대하다. 오늘 5시에 못 일어났으면 내일 일어나지 뭐, 모레 일어나지 뭐, 오늘만인데 어때 하고 생각한다. 참 단순한 생각이다. 매일 오는 오늘이지만 다시 오지 않는 오늘인데 말이다. 내일 무슨 일이 일어날지 알 수 있는가? 2020년 8월에 코로나19로 마스크가 일상이 된 이런 일들을 누가 상상이나 했을까?

일주일째 '다.양.한.나.' 만나기를 하고 주말이 되니 너무 피곤했다. 알람이 울렸는데 신랑이 옆에서 '주말인데 하루 쉬어'라고 했다. 그 달콤한 말에 '오늘 하루인데 어때?'라며 알람을 끄고 다시 잤다. 이날 하루 종일 일정은 엉망진창이 되었다. 그 좋아하던 발레도 못 가고 울고 싶었다. "왜 다시 자라고 했어?"라며 신랑을 탓했다. 내 의지 탓인데, 내가 못 일어난 것을 왜 신랑 탓을 했을까? 이날 저녁에 일기를 쓰면서 나 자신을 돌아봤다. 나는 업무를 하면서 사람과의 관계에서 안 되면 남 탓, 잘되면 내 덕이라고 생각하지 않았나? 내가 하면 로맨스, 남이 하면 불륜인가?

몇 해 전에 본 영화 〈불한당〉이 생각난다. 교도소에서 벌어지는 나쁜 놈들의 이야기를 그린 영화에서 범죄 조직의 보스 한재호로 분한 설경구는 주먹을 잘 쓰는 조현수(임시완 분) 형사를 눈여겨보고 이렇게 말한다.

"사람을 믿지 마라! 상황을 믿어야 한다 상황을!"

나는 일어날 수밖에 없는 상황, 즉 환경을 만들기로 했다. 일어나지 못하는 건 다른 그 누구의 탓도 아니다. 바로 내 탓이다. 더 이상 남의 탓은 하지 않기로 했다. 나한테 일어나는 모든 일들은 나의 의지 부족의 결과이며 게으름 때문이다. 의지가 부족하고 게으르다면 그럴 수 없는 상황을 만들면 된다.

'다.양.한.나.'의 실행은 이렇게

첫날, 5시에 스마트폰의 알람을 맞춰놓고 잤는데 소리가 울리자마자 스마트폰을 뒤집어서 알람을 꺼버렸다. 결국 5시에는 못 일어나고 알람이 두세 번 더 울릴 때까지 침대 속에 숨어 있었다. 5분만, 10분만, 또 5분만…… 에잇 모르겠다. 자자!

이제 스마트폰 또는 알람시계를 손이 닿지 않는 곳에 두는 것이다. 청각이 예민한 나는 알람을 끄기 위해서라도 무조건 일어나야 한다. 실제로 저걸 꺼야지 하면서 일어나게 되었다. 화장실 옆에 스마트폰을 두었기 때문에, 또 일어난 김에, 무조건 폭풍 양치질을 시작했다. 그랬더니 신기하게 정신이 말짱해졌다.

미지근한 물을 한 잔 마시고(차가운 물을 마셔도 되지만, 아침에 미지근한 물 한 잔은 혈액의 점도를 낮춰 심근경색과 뇌졸중의 위험을 낮춰주는 효과가 있다) 정신을 차린 뒤 운동복으로 갈아입었다.

잠옷을 입은 채로 해도 상관없지만 나는 상황에 맞는 옷을 갖춰 입는 걸 좋아하는 장비병(?)이 있다(우리나라 사람들 대부분이 그럴 것이다. 골프나 스키를 해야겠다고 마음먹으면 말할 것도 없이 옷부터 산다. 요가 강사 자격증 반에 등록하고 요가복을 제법 많이 샀다. 매일 해야 하니까, 젊은 친구들한테 기죽지 말아야지 하면서 말이다. 요가 강사 자격증 반엔 내가 최고령이었다. 그러니 말할 것도 없이 장비도 내가 최고여야 한다는 생각을 내 멋대로 했다).

아로마 향초를 켜고 자연의 소리를 들으며 서재로 갔다. 공간도 사실 전혀 상관없다. 호흡과 명상이 잘된다고 느끼는 곳이면 된다. 서재에는 몇백 개의 눈이 나를 바라보고 있다. 신랑이 피규어 덕후라 사실 서재라기보다 피규어룸이다. 그런데 이상하게 이 그 방이 집중이 잘되고 편안하다. 혼자인 듯 혼자 아닌 그런 기분. 이제 그 방에 들어갈 때 인사도 한다. 안녕 어린이들!

이제 피규어들 시선은 신경 쓰지 말자. 나를 바라볼 시간이다.

환경이 나를 달라지게 만든다

환경이 중요하다는 건 너무나 잘 알 것이다. 맹모삼천지교라는 말이 왜 나왔겠는가? 의도적으로 환경을 만들어 다시 한 번 마음을 다잡는 것이다. 이런 행동들이 습관이 될 때까지 집중해야 한다. 공간과 사물에게도 미션을 주고, '아, 여기는 명상을 하는 곳이지?', '아 여기는 식사를 하는 곳이지?' 이렇게 말이다.

그렇게 의식적으로 계속하다 보면 저절로 하게 된다. 한 번은 아침 시간도 아닌데 나도 모르게 아로마 향초를 들고 피규어룸에 들어왔다. 그만큼 습관은 무서운 것이다. 좋은 습관들이 자동적으로 나올 수 있도록 습관을 내가 장악해야 한다. 나의 의지를 습관으로 정착시키는 것이다. 지금까지도 이렇게 잘 살았는데, '작은 습관 하나 바꿔서 명상을 한다고 뭐가 달라지겠어?'라고 생각할 수도 있다. 그런데 아니었다. 내가 해보니 결과가 달라졌다.

인생을 대하는 나의 태도, 생활, 몸이 180도 바뀌었다. 휴업으로 인한 강제 휴식이지만, 평생 하지 않을 것 같았던 '다.양.한.나.'를 실천하며 나의 내면에 집중하는 시간을 갖게 되었다. 회사에 출근하는 일상이 없어졌지만, '다.양.한.나.'를 만나는 아침이 생겼고, 당연하다고 생각했던 모든 일들이 점점 소중하게 느껴지지기 시작했다.

명상, 하면 할수록 깊어지는 맛

내 척추에는 관광용 엘리베이터가 있다

나는 가만히 앉아 있거나 말없이 조용히 있는 것을 정말 싫어한다. 사람들과 어울리고 이야기하면서 일이든 운동이든 취미든 하는 것이 좋다. 사람들과 관계를 맺는 것이 즐거웠다. 대부분의 사람들과 마찬가지로 업무가 끝나면 회식을 하거나 모임을 가졌다. 최근엔 분위기가 많이 바뀌었지만, 우리 세대와 위의 세대들은 사람과의 관계 속에서 즐거움을 찾고 서로 의지한다.

휴직을 시작하면서 제일 힘들었던 점은 20년 동안 쭉 이어졌던 사람과의 관계가 변한 것이다. 코로나19로 인해 휴직 기간에 만나기도 어렵고 조심스러웠다. 척추에 문제가 있기도 했지만,

내가 변하기로 결심하고 '다.양.한.나.'를 시작한 것도 이런 공허함을 달래기 위한 것이기도 했다.

명상을 처음 했을 때는 호흡에 집중하기도, 나 자신에게 집중하기도 너무 어려웠다. 호흡도 너무 짧고 여러 번을 하다 보니 잡생각들이 자꾸 비집고 들어왔다. 이때 포기하지 않고 조금 더 나 자신에 집중을 해야 한다.

최근에 JYP(박진영) 님이 'When We Disco'를 발표했는데 25년 전과 별다를 게 없다. 심지어 노래는 더욱 안정적이고 춤선은 더 디테일하게 살아 있다. 흔히 말하는 '방부제 인간인가'라는 생각과 함께 이 시대의 진정한 엔터테이너이자 프로라고 느껴졌다. 이렇게 하기까지 얼마나 자신을 단련하고 노력했을까 생각하니 숙연해지기까지 했다. 혼자 감탄을 끝낸 후에 1995년에 발표한 '엘리베이터 안에서'를 다시 들었다.

"엘리베이터 안에서 우린 사랑을 나누었지, 지하에서 위층까지 벨이 울릴 때까지."

이처럼 벨이 울릴 때까지 명상을 하면 되는 것이다. 내 척추에 관광용 엘리베이터가 있다고 생각하고 맨 아래층 발바닥부터 머리 꼭대기 위층까지 천천히 천천히 호흡으로 이동하는 것을 느낀다. 엘리베이터를 탈 때나 내릴 때의 '땡' 소리를 머릿속에서 느끼면서 집중하면 훨씬 도움이 된다.

명상이 주는 긍정적인 효과들은 익히 알려져 있다. 유명 인사들, 사회적으로 존경받는 인물들은 명상을 통해 자신들이 한 단계 업그레이드되고 늘 발전할 수 있었다고 이야기한다. 둘 다 아닌 나는 그저 평범한, 휴직 중인 보통의 샐러리맨이다. 이런 나도 명상을 통해 감사하는 법, 마음의 속도를 조절하는 법, 나에게 집중하는 법을 배우며 조금 더 나은 사람이 되어가고 있다.

나를 해하는 요가를 했다

나는 성격이 너무 급하기 때문에 일을 할 때뿐 아니라 운동이나 취미 활동을 할 때도 빨리 되지 않으면 스트레스를 받는다. 이메일도 맨 먼저 회신해야 하고, 요청 사항은 가능하면 빨리 처리해주고, 처리받고 싶어 한다. 요가나 다른 운동도 마찬가지다. 척추 때문에 아파도 다른 젊은 친구들처럼 동작들을 잘하고 싶어서 무리하게 나를 다그치기 일쑤였다.

나를 해하면서 하는 것은 요가가 아니라고 배웠는데 나도 모르게 잘하고 싶은 욕심이 내 마음에 숨어 있었다. 나는 척추가 남들보다 튀어나오고 휘어졌기 때문에 뒤로 하는 후굴 자세가 잘 되지 않는다. 특히 '우르드바 다누라사나(Urdhva Dhanurasana)'라는 역활 자세(몸을 뒤로 활처럼 만드는 자세)가 정말 힘들었다. 그런데 불행히도 요가 시험을 볼 때 이 자세를 1분간 유지해야 했다. 시간을 들여서 천천히 해야 하는데 당장 하고 싶은 마음에 집에서 무조건 1분을 버텨보겠다고 연습을 하다 툭 떨어졌다. 욕심이 부른 참사였다.

불행 중 다행히도 두꺼운 요가 매트와 요가 수건 등을 이중으로 깔아놔서 병원에 갈 정도는 아니었지만 그 뒤로 '우르드바 다누라사나'를 연습할 때마다 겁이 났다. 초반에 이런 내 모습들이 명상하기 시작하면서 서서히 없어질 때까지 약간의 시간이 걸렸다. 46년간 살아온 세월이 있는데 그리 빨리 변하겠는가? 그건 시간에 대한 예의가 아니다. 힘들어도 조금씩 참고 즐겁게 하다 보면 언젠가는 변한다. 다만 자기 나이의 두 배만큼 노력과 시간을 들여야 가능하다.

명상에 집중하면서 긍정적으로 할 수 있다고 나 스스로에게 이야기했는데, 요가 강사 실기 시험에서 그 진가가 나타났다. 죽어도 못 버틸 것 같았던 역활 자세를 1분간이나 버텨냈다. '더 이상 못 버티겠다'고 떨어지려고 하는 찰나에 강사님이 "내려오세요"라고 이야기했다. 한 번도 1분을 버틴 적이 없는데 초인적인 힘이 나온 순간이었다. 아마 명상의 효과가 아니었을까?

나를 묶은 마차에서 벗어나기

요가 강사 자격증 반에서는 이론 수업도 병행하는데, 요가의 궁극적인 목적은 삼매(三昧)에 있다고 한다. 삼매는 산스크리트어 사마디(Samadhi)를 한자로 옮긴 말로, 마음이 고요해진 상태를 뜻한다. 또 요가의 어원인 '유즈(yuj)'의 뜻은 '말을 마차에 매다, 묶다' 또는 '말에 멍에를 씌우다'라는 동사에서 파생된 명사라고 한다.

따라서 요가의 궁극적인 목적은 마차에 맨 것처럼 억눌린 몸과 신체를 고요한 상태로 풀어놓기 위한 것이라고 할 수 있다. 말은 나의 생각, 마차는 '나'다. 생각은 나한테 묶여 있으므로 나한테서 떠나지 않는 존재다. 즉, 생각은 나의 마음먹기에 달려 있다. 요가는 마음의 작용을 억제하거나 조절하는 것으로 여기에 집중하기 위해 아사나(요가 동작)들을 수련하는 것이다.

모든 것은 나의 마음에 달려 있는데 순간의 감정들에 상처받고 괴로워하지는 않았을까? 문득 나의 조급함과 다그침, 나와 생각이 비슷할 것이라는 독단적인 착각 때문에 조금이라도 상처받은 분들이 있을지도 모른다는 생각이 들었다. 그분들께 무작정 사과하고 싶은 심정이었다. 나는 그런 적이 없다고 생각해왔는데 돌이켜보면 나의 사소한 말투, 행동들로 마음이 상한 분들이 있었을 것이다.

나 또한 그랬으니까. 내가 싫은 것은 상대방도 하기 싫다. 마음 수련을 하면서 나름의 깨달음을 얻고 있다.

가수 김건모 님의 '핑계' 가사를 보면 "입장 바꿔 생각을 해봐, 니가 지금 나라면 웃을 수 있니"라는 대목이 있다. 우리는 대부분 나의 입장만 중요하게 생각한다. 하지만 상대방의 입장도 중요하다. 혼자 살아가는 세상이 아니고 더불어 살아가는 세상 아닌가? 명상으로 나에게 집중하면서 사람들과 더 즐겁게 지낼 수 있는 나만의 방법도 개발했다. 명상은 돈도 안 들고 시간과 장소의 구애도 받지 않고, 내가 원하면 언제든지 할 수 있다. 내 마음을 들여다볼 수 있는 최고의 선물이다.

명상의 첫 출발은 호흡이다. 이와 관련된 책들을 읽으면서 흥미로운 사실을 알게 되었다. 호흡을 도와주는 호흡근도 나이를 먹으면 퇴화한다는 것이다. 호흡근은 깊은 호흡을 통해 갈비사이근을 강화할 수 있다고 한다. 코로 깊게 들이마시고 길게 내쉬는 것이다.

매일 명상도 하고 호흡근도 강화하고 일석이조다. 조만간 수영장에 가서 나의 호흡이 얼마나 길어졌는지 테스트해볼 생각이다. 왠지 25미터는 잠영으로 갈 수 있을 것 같은 느낌이다.

이제 세상은 코로나19 이전과 이후의 삶으로 나뉘었다. 컨택트가 아니라 온택트의 시대다. 강의와 회의도 온라인으로 듣는 시대가 되었다. 하지만 변하지 않는 사실 하나가 있다. 우리는 사람들과의 관계 속에서 즐거움을 찾고 살아 있음을 느낀다는 것이다.

언택트 시대에 우리는 더욱 예민해지고, 무관심해지고, 혼자만의 세계에서 갇혀 지낼 수도 있다. 그렇게 되지 않기 위해 명상한다. 모든 것은 마음먹기에 달려 있고, 그 마음을 먹기 위해서는 부단히 나를 수련해야 한다. 찰나의 순간이라도 나에게 집중하는 명상과 호흡은 나를 한 단계 더 나은 사람으로 나아가게 할 것이다.

'빨리'에서 벗어나 나만의 속도로 가는 법

내 마음의 속도는 100킬로미터

휴직을 하면서 시간을 헛되이 쓰지 않겠다고 다짐했다. 그래서 하루를 시간 단위로 쪼개서 스케줄을 잡았다. 내 마음은 늘 100킬로미터로 달리는 중이었고, 휴직 기간에도 그 속도를 유지하고 싶었다. 그러지 않으면 시간을 헛되이 보낸 거라는 생각이 들었다.

시간 단위로 스케줄을 잡다 보니 스케줄이 꼬이는 경우도 많았다. 그때마다 더 짜증이 났다. 분명히 예약도 했고, 나름 잘 시간을 분배했다고 생각했는데 항상 변수가 나타났다. 내 앞에 더 급한 사람이 나타나서 끼어들고, 차가 밀려서 내 순서를 놓치고,

겨우 슬라이딩을 해서 도착했다. 초반에는 잠도 오지 않았다. 생각 꼬리 물기가 시작된 것이다. '다.양.한.나.'를 하고 식사를 한 다음 집 안 정리를 하고, 발레 연습을 갔다가 점심을 먹고, 재활 치료를 받고 요가를 하고 사우나를 가면 몇 시지? 스케줄 순서를 바꿀까? 늦으면 예약을 바꿀까? 등등 머릿속이 너무 복잡했다. 내 마음이 회사 다닐 때와 똑같이 100킬로미터로 달리고 있었다.

명상을 하기 시작하면서 불안함과 초조함이 나를 고속도로에 내던지고 있다는 것을 알았다. 그러면서 문득 이런 생각이 들었다. 일상생활을 하면서 차를 몰고 고속도로를 나가는 일이 더 많을까, 시내 도로를 나가는 일이 더 많을까? 당연히 시내 도로를 나가는 일이 훨씬 더 많을 것이다. 그런데 서울 시내 도로의 규정 속도는 50킬로미터다. 최근 운전을 다시 시작해서 열심히 적응하고 있다. 그런데 차의 속도가 50킬로미터만 넘어가면 내비게이션이 외친다.

'속도를 줄이세요, 속도를 줄이세요.'

마치 내 마음에게 하는 말 같다.

내비 도사

내비게이션은 내 마음의 상태를 너무 잘 알고 있었다. 속도를 줄이라는데 나는 고속도로마냥 100킬로미터를 유지하고 있었다. 서울 시내에서 50킬로미터를 넘기면 자칫 딱지를 떼일 수 있다. 내 마음의 속도를 제어하지 않은 날들은 어떤 형태로든 딱지가 날아와 내 마음에 생채기를 냈다.

무엇이 나를 고속도로로 내달리게 만든 것일까? 마음 수련을 하면서 계속 생각해봤다. 역시 휴직 이후에 대한 불안감 때문이었다. 휴직 기간에 무엇이라도 더 많이 배우고 열심히 하면 복직을 해서 더 나은 사람이 되어야지 하는 욕심이 가지고 온 결과였다. 조금씩 스케줄을 조정해보자. 시간 단위 말고 오전, 오후, 저녁으로 나눠 여유를 좀 가져보기로 했다. 급브레이크를 밟으면 또 사고로 이어지니 말이다.

100킬로미터에서 90킬로미터, 70킬로미터…… 서서히 내 마음이 제 속도를 찾도록 명상에 더욱 집중했다. 그렇게 천천히 내 마음을 찾아가다 보니 밤에 잠들지 못하게 했던 꼬리 물기 습관이 점점 사라지기 시작했다. 희한하게도 운전을 할 때 내비게이션이 더 이상 속도를 줄이라고 다그치지 않는다. 운전을 할 때도 급한 게 없으니 규정 속도를 유지하게 되는 것이다. 그리고 내비게이션은 가끔 원래 가던 길을 벗어나 다른 길로 돌아가라고 안내한다. 그러면 나는 순간 고민을 한다.

'그냥 갈까? 아니면 내비게이션이 알려준 대로 갈까?'

순간의 결정이 시간을 좌우하니 잘 선택해야 한다. 나는 내비게이션을 믿지 않고 원래 가던 길을 갔다가 더 많은 시간이 걸린 경험이 많다. 원래 가던 길에 공사를 하고 있거나 사고가 났던 것이다. 인생도 비슷하다. 원래 가던 길이 공사 중이거나 잘못되었다는 것을 알게 되면 돌아가야 한다. 한 가지 방향만이 옳은 것은 아니다. 그렇게 급하게 내달리던 습관들은 점점 정규 속도를 찾아가고 있다.

'빨리'에서 빨리 벗어나기

나의 성급했던 마음도, 운전 습관도 좋아지고 있다는 것이 느껴졌다. 더 이상 스케줄이 꼬였다고 나를 다그치지 않는다. 처음 마음 수련을 시작할 때는 '빨리 명상을 끝내고 요가를 하고, 일기를 쓰고, 발레를 가고 이런저런 일들을 해야지' 하는 생각이었다. 그러니 마음의 속도가 급해질 수밖에 없었다.

서울 시내 주차가 불편해서 일정이 복잡한 날에는 전철이나 버스를 이용하는데 월 교통비가 회사 다닐 때보다 훨씬 많이 나온다. 회사에 나갈 때는 두 번만 쓰면 되는데, 요즘은 하루에도 교통카드를 몇 번이나 찍는지 모른다. '삑, 삑, 삑' 교통카드가 제일 열일하고 있다. 교통카드에게도 휴식을 주자.

강제로 나에게 찾아온 휴직이지만, 20년 만에 처음 쉬어보는 것 아닌가? 조급한 마음을 잠시 내려놓자. 자연스럽게 나한테 집중하며 긴 호흡과 함께 나를 느껴보자. 나 자신에 대해, 나의 미래에 대해 진지하게 생각해볼 기회가 또 언제 있겠는가? 내 마음의 속도는 내가 조절하자. 과속하지 않고, 너무 느리게 가지도 않겠다. 규정 속도를 유지하며 지금 주어진 이 소중한 시간에 집중한다.

우리 모두 힘든 시간들을 견디고 있다. 마스크가 일상이 된 지금, 내 마음이 과속하거나 저속하지 않도록 지키자. 언젠가 미래에 오늘을 돌아보며 '2020년엔 그랬지' 하고 미소 짓기를!

나를 비우고 다시 채우는 시간

인생 책이 주는 선물

내 인생에서 가장 큰 영향을 준 책은 나폴레온 힐(Napoleon Hill)의 《놓치고 싶지 않은 나의 꿈 나의 인생》(권혁철 옮김, 국일미디어, 1990)이다. 저자가 세상을 떠난 지 오래되었지만, 이 책은 여전히 자기계발서 분야에서 고전 중의 고전으로 꼽힌다.

책의 원제는 'Think and Grow Rich'이지만 나는 한국어판 제목이 훨씬 마음에 든다. 현재 나의 상황과 꼭 맞는 책이다.

총 세 권으로 이루어진 《놓치고 싶지 않은 나의 꿈 나의 인생》은 나폴레온 힐이 철강왕 앤드루 카네기(Andrew Carnegie)의 제안으로 쓴 책이다. 카네기는 본인이 이룩한 성공을 다른 사람들에게 전파하고 성공 철학을 체계적으로 정립하기 위해 당시 기자였던 힐에게 저술을 제안했다. 힐은 성공한 기업가 507명을 오랜 시간 인터뷰하여 이들의 성공 원리를 찾는 여정에 들어갔다. 힐은 성공에 이르는 구체적인 행동 법칙을 '인생의 성공 철학'으로 집대성할 수 있었다.

1권은 실제 성공에 이른 사례들을 바탕으로 13단계의 행동 법칙에 대해 기술하였고, 2권은 성공의 열쇠인 긍정적인 정신 자세(PMA: Positive Mental Attitude)에 대한 내용을 다루었으며, 3권은 앤드루 카네기와의 대화 형식으로 구성되었다. 세 권이나 되는 분량이지만 일단 읽기 시작하면 중간에 포기하기 어려울 정도로 도움이 되는 글귀와 인생 지침들이 가득하다.

나 역시 알게 모르게 이 책에 나오는 행동 법칙들, PMA를 마음속에 담고 살았을지도 모른다.

성공으로 가는 '13단계 행동 법칙'은 무엇일까?

나는 제목과 표지, 목차를 쭉 훑어보고 마음에 들면 에필로그까지 살펴본 뒤 구입한다. 이 책은 1990년에 나온 책이라 표지가 요즘 트렌드에 맞거나 디자인이 훌륭하다고 보기는 힘들다. 하지만 목차는 간결하게 13단계의 행동 법칙을 순서대로 배열해놓았다.

특히 인상 깊은 구절은 에필로그에 나오는 “이 책에서 최대의 이익을 얻으려면 진심으로 하고자 하는 마음의 준비가 필요하다”라는 글귀다. 자기가 쓴 책에 대한 깊은 자신감과 자부심을 느낄 수 있는 문구다.

나폴레온 힐은 자신이 말하는 인생의 성공 철학은 모든 분야에 적용할 수 있다고 이야기한다. 부자고 되고 싶은 사람, 몸과 마음이 지쳐 어려운 문제에 봉착해 있는 사람, 자신의 분야에서 성공하고 싶은 사람 등 모든 사람에게 공평하게 적용이 가능하다.

각 챕터에서 기억에 남는 구절을 하나씩 소개하면 다음과 같다.

- STEP 1 **모든 것은 열렬한 소망에서 출발한다** : 불타오르는 소망을 갖고 소망 달성을 위한 여섯 가지 원칙을 지키며 성공의 문은 반드시 열린다는 상상력을 지니고 있어야 한다.
- STEP 2 **신념이 나를 움직인다** : 신념이 강하면 어떠한 한계도 뛰어넘을 수 있으며, 반복된 사고는 강한 신념을 만든다.
- STEP 3 **자기 암시에는 놀라운 힘이 있다** : 날마다 마음속에 성공을 그려라. 긍정적인 자기 암시는 목표를 이루기 위한 가장 효과적인 자극이다.
- STEP 4 **전문 지식을 활용한다** : 헨리 포드의 사례를 들어 올바른 지식을 얻는 방법을 알고, 그 지식을 체계화하여 효과적으로 활용하는 법을 설명한다.

- STEP 5 상상력에서 가능성이 나온다 : 인간이 상상할 수 있는 것은 무엇이든 실현될 수 있다. 코카콜라도 상상력에서 나왔다.
- STEP 6 행동할 수 있는 계획을 세운다 : 단순히 소망을 갖고 있는 것과 그 소망을 이루고자 하는 것에는 엄청난 차이가 있다. 실천으로 옮기지 않으면 소용이 없다.
- STEP 7 결단은 신속히 한다 : 하고 싶은 일을 남에게 말하기 전에 행동으로 결과를 보여라. 진정 성공을 바란다면 우유부단함을 떨쳐버리고 단호한 결단력을 키워야 한다.
- STEP 8 참고 견디는 마음을 키운다 : 인내력을 몸에 익혔을 때 당신은 전진하는 사람이 될 수 있다.
- STEP 9 유익한 협력자를 찾아나선다 : 협력자가 만들어주는 조직화되고 방향을 정한 지식은 당신의 생애에서 커다란 이정표가 될 것이다.
- STEP 10 성 에너지를 창조적으로 전환시킨다 : 성은 육체 문제에 지나지 않는다는 생각을 바꾸어 성을 다른 창조적인 에너지로 활용할 수 있다.
- STEP 11 잠재의식을 끌어낸다 : 잠재의식은 잠자는 거인이다. 이 거인이 바로 당신의 하인이다. 잠재의식은 당신이 바라는 것은 무엇이든 가져다준다.
- STEP 12 잠재된 두뇌 능력을 계발한다 : 두뇌에는 위대한 힘이

잠재해 있다. 당신은 이 위대한 힘을 구사할 수 있는 인물이다.

- STEP 13 **직감을 깨운다** : 직감은 아이디어, 착상, 번뜩임, 명안 등을 포착하는 수신 장치다. 이 직감을 깨워 활용하라. 성공으로 이어지는 문이 당신을 기다리고 있다.

구체적인 사례들과 함께 각 단계의 내용을 설명해 마음에 크게 와닿는다. 책을 읽는 것은 그 사람의 인생을 읽는 일이라고 했다. 예전에 정독했던 책도 세월이 흘러 다시 읽어보면 새로운 대목이 보인다. 나폴레온 힐의 책을 다시 찬찬히 읽어보면서 예전에는 미처 모르고 지나쳤던 부분을 재발견하고 힐의 성공 철학을 곱씹을 수 있었다. 행동 법칙 13개 중에 한두 가지라도 실행에 옮기면 달라진 나를 발견할 수 있지 않을까?

명상이 필요한 순간

갑자기 찾아온 언택트 세상. 일상의 멈춤으로 뜻하지 않은 낯선 세상과 마주한 지 거의 1년. 스스로 마음을 다스리고 차분히 마음을 가다듬을 때다. 이런 때 가장 필요한 것은 세상의 요동에 최소한으로만 흔들릴 수 있는 방법을 찾는 것이다. 뜻하지 않은 세상에 적응할 자신만의 내면 수련 방법을 찾는 일이다.

마음이 가라앉지 않도록 집에서, 전철에서, 사무실에서 언제 어디서든지 할 수 있는 셀프 명상법을 몇 가지 소개한다. 명상은 사람들과의 관계 속에서 순간순간 스트레스를 받을 때, 또는 혼자 있는 적막감 속에서 길을 잃을 때 스스로를 붙들고 자신을 잃지 않는 도구가 되어줄 것이다.

명상이란 눈을 감고 자신의 마음 깊은 곳을 들여다보는 것이다. 나의 마음을 평화롭게 하는 행위다. 매일 1분만이라도 어느 장소에든 자기 마음에 온전히 집중하는 일은 매우 중요하다.
매 순간 호흡과 명상을 하고 마지막에 마음속으로 자신에게 당부하고 싶은 말을 되뇐다.
'나는 할 수 있습니다.'
'오늘 하루 감사합니다.'
'앞으로 모든 것이 다 잘될 겁니다.'
자신의 마음을 좋은 방향으로 이끌어주는 말이면 어느 것이든 좋다.

집에서 하는 셀프 명상

집은 가장 많은 시간을 보내는 공간이다. 우리는 좋은 일도 슬픈 일도 괴로운 일도 거의 집에 와서 풀어낸다. 가족에게든 자기 자신에게든. 특히 요즘같이 집에 머무는 시간이 많은 코로나19 시대에는 가족 간에 서로 배려와 이해를 할 수 있는 마음이 더욱 필요하다. 1인 가구들은 자기 자신에게, 가족과 함께 사는 사람들은 가족에게

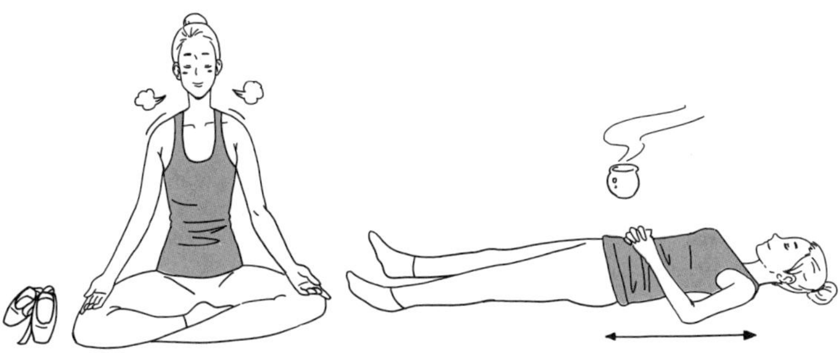

더 많은 관심을 기울일 때다. 명상은 몸과 마음을 차분히 가라앉힐 수 있는 길로 우리를 안내해줄 수 있다.

아침에 눈을 떴을 때

가부좌로 앉아 정면을 바라본다. 장소는 거실이든 방이든 상관없다. 가부좌가 불편하다면 의자에 허리를 꼿꼿이 세우고 앉아 손을 편안하게 무릎 위에 올려놓은 상태에서 깊은 호흡을 한다.
코로 깊게 들이마시고 입으로 천천히 내뱉으며 호흡에만 집중한다. 호흡 중에 다른 생각이 든다면 '코로 들이쉬고 입으로 내쉬기'를 반복한다. 또는 '감사하다', '사랑한다'는 말을 반복하며 복잡한 생각들을 내려놓음으로써 뇌를 쉬게 하고 마음의 안정을 찾아간다.

잠자기 전에

지나간 일들, 해야 할 일들, 각종 생각들이 꼬리에 꼬리를 물어 잠 못 들 때는 두 손을 배 위에 편안하게 얹고 척추를 따라 호흡이 이동하는 것을 느껴본다. 척추에 엘리베이터가 있다고 생각하고 깊은 호흡에 집중하면 기분 좋은 숙면을 취할 수 있다. 침대가 아닌 곳에서 할 때는 아로마 향초를 켜고 숨 고르기를 해도 좋다.

일터에서 하는 셀프 명상

사무실이든 가게든 공부하는 학원이든, 집 다음으로 가장 많은 시간을 보내는 공간에서 할 수 있는 명상이다. 특히 가족이 아닌 서로 다른 사람들과 마주하고 함께하는 공간이기 때문에 스트레스를 더욱 심하게 받을 수 있다. 업무 중에 동료와 부딪히기도 하고 학업 스트레스로 심신이 괴로울 때가 많다. 외부 공간이야말로 나의 마음을 바닥으로 내려보낼 수도, 올라가게 할 수도 있는 공간이다. 이 때 잠시 잠깐의 명상과 호흡으로 빨리 스트레스 지수를 낮출 수 있는 방법이 있다.

밀려드는 업무에 치일 때

스트레스를 받으면 뒷목이 뻣뻣해지고 어깨가 경직되기 시작한다. 이 순간을 그냥 지나치지 말고 자리에 앉아 잠시 눈을 감고 세 번 천천히 호흡을 하면서 머릿속을 정리한다. 그러고 나서 업무의 우선순위를 정리한다. 이때도 천천히 호흡하는 것을 잊지 않는다.

호흡을 하면서 어깨를 가볍게 뒤로 돌리기를 반복하고, 깊은 호흡과 함께 목을 앞, 옆, 뒤로 움직인다. 그렇게 1~2분만 해도 거짓말처럼 머릿속이 정리되고 마음도 한결 안정되며 뻣뻣했던 뒷목이 풀어지는 것을 느낄 수 있다. 업무의 능률이 올라가고 집중력이 향상되는 것은 덤이다. 이때는 꼭 가부좌 자세가 아니어도 상관없다. 의자에서 천천히 숨을 고르며 호흡에 집중하면서 어깨와 목을 풀어준다.

상사나 고객이 화를 내거나 동료와 언성이 높아졌을 때

사회생활은 다른 환경에서 살아온 새로운 사람들과 함께 협업하며 성과를 내야 하는 곳이다. 친구나 지인이 아니라 성과가 필요한 곳에 소속되어 있

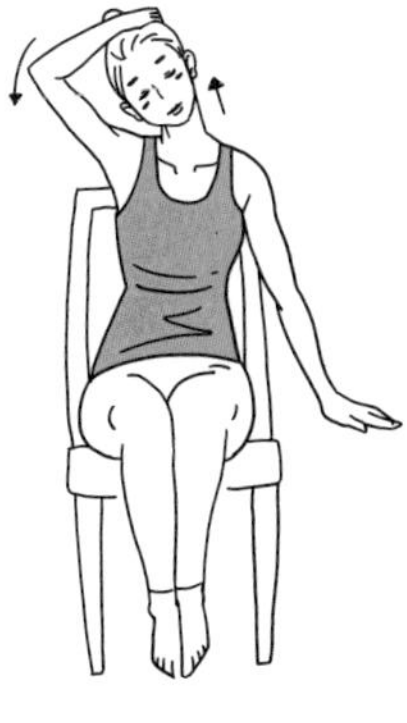

기 때문에 성향에 따라 많은 스트레스를 받을 수도, 줄 수도 있다. 이런 상황이 생기면 같이 언성을 높인다거나 울어버린다거나 자리를 박차고 나가고 싶을 때가 온다. 나 역시 그랬던 적이 많았다.
그런 순간이 오면 당황하지 말고 상대방의 이야기를 무조건 경청한다. 가장 중요한 것은 마음속으로 깊은 호흡을 하며 평정심을 찾는 것이다. 흥분하는 상대에게 똑같이 반응할 경우 상황은 더욱 심각해질 뿐 해결되지 않는다.
들어주기와 호흡, 시간 보내기로 평정심을 찾았다면 이번에는 공감을 해준다. 그러면 이전의 심각하고 복잡해 보였던 상황이 조금 누그러질 것이다. 이후에 사안을 객관적으로 다시 한 번 들여다보고 차분하게 정리하면 된다. 업무 스트레스와 사람과의 관계에서 받는 압박감은 호흡과 명상을 통해 최소화하는 것이 무엇보다 중요하다.

기타 장소에서 하는 셀프 명상

'이불 밖은 위험해'라는 말처럼, 우리를 언짢게 하는 상황들은 외부 곳곳에서 발생한다. 버스를 탈 때 누군가가 밀쳐서, 카페에서 새치기를 당해서, 조용해야 할 장소에서 누군가 큰 소리로 마구 떠들어서 등 집 밖을 나서면 너무나 많은 상황들이 우리의 평안한 심신을 위협한다.
모두가 마스크를 쓰고 다니고 사회적 거리 두기로 예전보다 마음이 더 뾰족해진 상황에서 자기 마음을 잘 돌보아야 한다. 너무 욱하지도 말고 동요하지도 말자. 생판 모르는 남 때문에 화가 난다면, 잠깐의 호흡과 명상의 시간으로 평화를 찾아야 한다.

대중교통에서

출근 지하철, 만원 버스 등 불특정 다수가 이용하는 대중교통에서는 불쾌한 일이 빈번히 발행한다. 이때는 바로 반응하지 말고 잠시 깊은 호흡을 한 후에 상황을 다시 한 번 살펴본다. 그리고 의도적으로 그런 상황을 만드는 사람은 없다고 생각한다. 손해봤다고 생각하지 말고 좀 더 급하고 사정이 있는 사람에게 양보했다고 생각하면 마음이 좀 가라앉는다. 그리고 다시 한 번 깊은 호흡을 반복한다. 사소한 사건으로 나의 마음에 안 좋은 생각들을 심어주지 말자고 생각하면 많은 도움이 된다.

무례하게 구는 사람을 만났을 때

먼저 언성을 높이며 화를 낼 필요는 없다. 가슴을 움직이는 흉부 호흡을 한두 번 한 후에 상황을 정확히 보고 내가 예민하게 느낀 것인지 실제로 부당한 것인지 객관적으로 볼 필요가 있다. 부당한 무례함이라면 조용히 이야기하면 되고, 태도가 조금 불친절한 것이라면 나이에 상관없이 저 사람은 그냥 철부지 내 동생이다, 하고 생각하자.

잘 몰라서 저지른 잘못에 내 마음이 좌우될 필요는 없다. 태도가 잘못된 사람이 직원이거나 자주 만나는 사람이라면, 나중에 웃으면서 이렇게 했으면 좋겠다고 말해주면 더 좋을 것이다.

2장

몸을 아름답게 만드는 즐거움

마음은 몸과 함께 움직인다

내가 척추 에일리언이었다니

1986년 개봉한 〈에일리언 2〉를 보고 꽤 큰 충격에 빠졌던 기억이 난다. 우주에 그런 괴생물체가 살고 있다는 것도, 여전사 시고니 위버도 무척 인상적이었다. 이후 에일리언 시리즈가 나올 때마다 챙겨 보곤 했었다.

그런데 내가 '에일리언'이었다!

나는 휴직을 하자마자 마음의 안정과 체력을 증진하기 위해 요가 강사 자격증 반에 등록했다. 일반 피트니스 요가는 제법 따라 할 정도이고 체력은 워낙 좋았다. 다만 나에게 필요한 건 명상이었다. 명상을 통해 나에게 집중하는 시간을 갖고 내가 먼저 수련해서, 나중에 회사에 출근하면 동료들에게 배운 것들을 나눠주고 싶었다.

그런데 첫날 수업을 시작하자마자 지도자 선생님이 "척추 안 아파요? 좀 이상한데요" 하며 병원에 한번 가보는 게 나을 것 같다고 조언해주었다. 나 역시 요가 동작들을 깊게 할 때마다 아픈 부분이 있어서 정형외과를 방문했다. 엑스레이를 찍고 담당 의사 선생님을 만났는데 첫마디가 "안 파아요? 괜찮아요?"였다.

내 목은 일자, 척추는 에일리언이었다. 엑스레이 사진만 보면 에일리언 사진을 약간 가공해서 올려놓은 것 같았다. 의사 선생님은 "뼈는 안 펴져요. 이 정도면 더 아프지 않도록 재활하시고, 무리하게 하는 요가나 발레는 절대 하면 안 돼요. 정말 심각한 상황이 올 수도 있어요"라고 했다.

이런 상황이면 요가 강사 자격증은 물론 아무것도 할 수 없었다. 이미 수강료는 지불했고 마음도 단단히 먹었는데 이대로 포기해야 하는가, 내가 사랑하는 발레도 즐겁게 계속해야 하는데…….

갑자기 나 자신한테 화가 나기 시작했다. 오만 가지 생각들이 내 머릿속을 헤집었다. 디즈니 영화 〈인사이드 아웃〉처럼 내 머릿속에는 기쁨이만 많은 줄 알았는데 소심이와 슬픔이가 장악해버렸다. 기쁨이 본부 이탈 사건이 나에게도 발생한 것이다.

몸이 움직이면 마음도 같이 간다

나는 나 자신에게 너무 관대하고 자만했다. 건강한 심신을 가졌다고 생각했다. 나의 뼈들과 근육들에게 너무 미안했다. 주인 잘못 만나서 튀어나오고 휘어졌으니 말이다. 하지만 더 늦지 않게 알게 되어서 다행이라고 생각했다. 모든 것이 나의 일부분이고 내 몸 아닌가? 더 사랑하고 개선하면 된다.

바로 재활을 시작하고 '다.양.한.나.'를 만나는 시간에 나의 몸에 더 집중하기로 했다. 명상이 끝나면 바로 요가 시간에 배웠던 '수리야 나마스카라(Surya Namaskara)' 루틴을 하며 땀을 내고, 척추가 펴질 수 있도록 척추 강화 운동을 시작했다. 수리야 나마스카라 동작은 일명 '태양 예배 자세'라고 한다. 호흡에 맞춰서 연속적으로 몸에 열을 내는 이 열두 가지 동작들이 척추를 잡아주는 근육들을 부드럽게 만든다. 유연성과 유산소와 근력을 한 번에 끌어올릴 수 있는 일명 '일타삼피' 동작들이다. 온몸을 사용하는 전신운동이기 때문에 근육에 탄력이 생긴다.

시간이 없다면 이 수리야 나마스카라 동작들만 열심히 해도 변화되는 것을 느낄 수 있다. 특히 요가는 척추를 바로 세워서 하는 것이 기본이기 때문에 올바른 자세로 수련하면 척추도 바로 설 수 있다고 생각했다.

몸이 움직이면 마음도 그 방향으로 저절로 같이 간다. 내 몸이 수영장에 들어가면 수영을 잘하고 싶다고 생각하게 되고, 스키장에 가면 스키를 잘 타고 싶다는 생각이 들지 않던가? 일단 몸이 가면 나의 생각과 마음도 함께하게 되는 것이다. 몸을 움직이자. 나의 몸과 마음이 함께 변하도록 일단 움직이자. 체력은 국력이다.

방심은 잠을 부른다

아침 5시, '다.양.한.나.'를 만나고 나면 무료 배움이나 취미로 하는 운동 학원에 갈 때까지 한두 시간 정도 여유가 생긴다. 어떤 날은 집안 정리를 하고, 어떤 날은 책을 좀 더 읽는데, 30일 정도 지나니 슬슬 잠이 오기 시작했다. 8시 정도 되니 눈이 스르르 감기면서 30분만 잘까 하는 생각이 점점 들기 시작했다. 역시 몸이 침대로 가니, 생각이 나 자신을 정당화시켰다. '5시에 일어나서 해야 할 건 다 했고 조금 자도 괜찮잖아?' 하고 누우면 끝이다. 한두 시간 자게 되는 건 수순이다. 학창 시절에 공부한다고 늦은 시간까지 깨어 있다가 '5분만 잘까?' 하는 순간 눈 떠보니 아침이어서 비명을 지르며 "엄마 나 왜 안 깨웠어?"라고 엄마 탓을 한 경험이 누구에게나 있지 않았나?

한두 번 이러고 나니 나 자신에게 실망스러웠다. 빛나는 인생을 살겠다고 '다.양.한.나.'를 만나고 책을 읽고 쓰고, 운동을 하고, 척추를 바로 세우자고 했는데, 그 좋은 시간에 다시 잠을 자버리다니! 그래서 작전을 바꿨다.

몸이 먼저 시키는 대로 가방을 메고 집을 나갔다. 자기 전에 매일 아침마다 가는 학원에 맞게 가방을 정리해두고 일단 걸어가자! 척추 운동에도 좋고, 차비도 아끼고, 기분도 상쾌하다. 걸으면서 예전 음악들을 많이 듣는데, 가사도 너무 좋고 신난다.

의지가 강하지 않다면 일단 몸을 먼저 움직이자. 내 몸에 나의 정신이 반응하고 깨어날 것이다! 일단 걷자!

욕심이 붙으면 마음도 몸도 일그러진다

나는 반전의 '반전' 캐릭터였다

요즘은 반전이 있는 캐릭터가 더 매력이다. 2020년 1월, 〈미스터 트롯〉에 모범생 이미지를 가진 사람이 출연했는데 마이클 잭슨 춤에 트로트를 부르는 것을 보고 반전 매력이라고 생각했다. 그 출연자는 매력적인 반전 캐릭터였고, 나는 그 반대의 대반전이다!

나는 나름 운동도 열심히 하고 몸을 잘 안다고 생각해 직장인 치고는 이것저것 열심히 하는 괜찮은 캐릭터라고 생각했다. 그런데 내 몸 하나 들여다보지 못하는 사람이었다. 모든 일에 너무 몰입했고, 잘하고 싶어 안달했고, 나를 다그치며 몰아붙였다.

내가 앉아 있는 자세를 얼핏 보면 꼿꼿하고 바르게 보인다. 그러나 자세히 보면 항상 다리를 한쪽 방향으로 꼬고 있다. 20년간 한결같이 나도 모르는 사이에 목을 빼고 등을 구부린 자세로 근무했던 것이다. 100번만 하면 습관이 된다는데, 20년을 나의 척추를 혹사시켰으니 당연한 결과였다. 그것도 모르고 잘하고 있다고 생각하고 있었으니 얼마나 황당한 일인가?

심지어 운동도 굉장히 열심히 한다고 자부하고 있었기 때문에 이때의 충격은 이루 말할 수 없다. 나 스스로에게 실망하고, 내 몸에 미안했다. 46년간 내 몸을 바르게 잘 유지했다고 생각했는데, 나는 내 몸의 최악의 주인이었던 것이다. 내 허리와 목이 이렇게 되도록 나는 무얼 했던 걸까? 그렇게 운동을 열심히 한다고 자신하면서 주변 사람들에게 운동은 좋은 거라고 홍보했다. 그런데 나는 내 몸, 그것도 나를 지지하는 허리와 목이 이런 심각한 상태일 것이라고는 상상조차 하지 못했다.

내 몸에는 바른 것이 하나도 없었다

나 자신을 잘 알고 있다고 생각했는데, 나를 지지하고 있는 내 몸에 대해서는 전혀 모르고 있었다. 갑자기 찾아온 휴직보다 더 당황스러웠다. 좀 과장되게 말해서 내가 가지고 있던 나의 작은 세계가 무너진 것이다. 운동을 하면서도 열심히 잘한다고 자만하고 스스로를 위안했던 나 자신이 부끄러웠다. 나 스스로에게 너무나 관대했던 것이다. 돌이켜보면 동작들을 할 때마다 나의 몸은 신호를 조금씩 보내고 있었을 텐데, 나의 자만심으로 나는 이 운동은 잘하니까, 이 동작은 이렇게 해도 되니까, 내가 하고 싶은 대로 지금까지 해왔던 것이다.

요가 강사 자격증반 수업을 들으면서 느낀 점은 나의 몸에 바른 곳이 하나도 없다는 것이었다. 서 있는 자세 또는 앉아 있는 자세 하나만 교정하는 데도 몇 날이 걸렸다. 과거의 나는 그런 몸의 정렬도 맞추지 않은 채 내가 잘하는 자세들만 열심히 해왔던 것이다. 몸이 주는 신호는 무시한 채 말이다. 나의 욕심이 불러온 결과인 셈이다. 일을 할 때도 될 때까지 하는데, 문제는 집중할수록 나의 자세는 엉망이 되어가고 있었던 것이다. 모니터 안으로 들어갈 것처럼 목을 빼고 등을 굽히고 어깨는 올라갔다. 그때 한 템포 숨을 돌리며 사무실에서 스트레칭을 하고 호흡을 했더라면 얼마나 좋았을까. 후회가 밀려오지만 지금이라도 알았으니 다행이다.

이대로 물러설 수는 없다. 나는 요가 강사 자격증을 따서 재능 기부도 하고 싶고, 발레 콩쿠르에도 나가서 즐거운 추억도 만들고 싶다. 좋은 사람들과 많은 즐거운 것들을 하면서 살고 싶다.

인생은 타이밍

문득 인생도 그런 순간들의 연속이 아닐까? 내가 잘하고 있다고 생각하며 지내지만 어딘가에서 잘못된 신호들을 주고 있는 것은 아닐까? 모든 일에 급하고 파이팅 넘치는 나에게 한 번 쉬는 타이밍을 주는 것인가?

인생은 타이밍이다. 요가 강사 자격증 반에서 보통 오래 교육받은 친구들이 앞에 나가 명상, 몸 풀기, 수리야 나마스카라 동작을 리드한다. 하루는 강사님이 다른 친구한테 명상 리드를 해보라고 했다. 그 친구는 명상은 해보지 않았고 '수리야 나마스카라' 동작만 할 수 있다고 했다. 그때 내가 손을 번쩍 들었다. 물론 사람들 앞에서는 처음이지만 매일 아침 하는 명상이기에 준비가 되어 있었다. 사람들 앞에서 처음 하는 것이었지만 할 만했다. 떨리지도 않았다.

생각해보면 모든 일들이 다 그렇다. 회사 일을 할 때도 보고의 타이밍, 좋은 사람을 만나서 결혼하는 타이밍, 사소한 결정 하나하나가 다 타이밍이다. 지나간 타이밍을 되돌릴 수는 없지만, 그 경험을 거울삼아 다가올 미래의 타이밍을 준비해야 한다. 내가 어떤 순간 무엇을 하고 어떤 마음가짐을 가지고 지내는지가 내일을 결정한다.

드라마 〈이태원 클라쓰〉의 주인공 박새로이가 감옥에서 책을 읽고 있는데 최승권이 이런 말을 한다.

"책 읽고 나가서 뭐 할 건데? 노가다? 원양어선? 어? 별것도 아닌 게 깝치고 ××이야."

그러자 박새로이가 받아친다.

"필요한 건 다 할 거야. 내 가치를 네가 정하지 마. 내 인생 이제 시작이고, 나 원하는 거 다 이루면서 살 거야."

안 될 거라고, 못한다고 정하지 말자! 나도 할 수 있고 누구나 할 수 있다.

자, 이제 타이밍을 잡을 때다.

체력이 밑받침되어야 '생각'을 할 수 있다.

'네가 명상을? 그것도 새벽에?'

내가 이른 아침 5시부터 명상으로 하루를 시작한다고 하면 회사 동료들은 90퍼센트 이상 'BR이 명상을? 그것도 새벽에?' 하며 눈을 동그랗게 뜰 것이다. 나는 사내에서 액티브한 운동을 좋아하기로 소문이 나 있고, 활력이 넘치는 사람으로 인식되어 있다. 내면의 나를 들여다보기보다는 외면의 나에게 더 집중하는 사람으로 보이는 편이다.

화이팅 넘치고 액티브한 나도 명상을 시작하면서 다시 한 번 느낀 점이 있다. '명상도 체력이 좋아야 하겠구나' 하는 점. 아침 5시에 일어난다고 해서 전날 9시나 10시에 잠드는 게 아니다.

그날그날의 스케줄을 다 소화하고 나면 11시가 훌쩍 넘는다. 휴직 기간이지만, 하루하루 매 시간이 점점 소중한 나이이기에 그냥 흘려보내고 싶지 않았다. 무엇이든 의미 있는 일들을 하며 휴직 기간을 보내고 싶었다. 다시 오지 않을 하루하루에 집중하며 특별하게 지내자고 나 자신과 약속했다.

내가 좋아하는 영화 〈아저씨〉에서도 원빈이 이런 말을 했다. "니들은 내일만 보고 살지? 내일만 사는 놈은 오늘만 보고 사는 놈한테 죽는다. 난 오늘만 산다."

'이게 왜 안 되지?'

처음 일주일은 5시에 하루를 시작하려니 너무 피곤했다. 하지만 정해진 루틴으로 명상과 요가를 하며 체력을 끌어올렸다. 체력을 증진하겠다고 웨이트 무게를 마구 늘리고 갑자기 10킬로미터를 뛰라고 하면 자신이 없을 것이다. 하지만 쉬운 호흡, 쉬운 요가 동작부터 시작하면 누구나 좋아질 수 있다.

플랭크 자세를 처음에는 10초, 잘되면 30초, 더 잘되면 1분, 이런 식으로 늘려나가는 것이다. 플랭크는 전신 근력운동으로 코어 단련과 체력을 증진하는 데 아주 효과가 있다. 플랭크가 버틸 만하다면 차투랑가 단다사나(Chaturanga Dandasana, 플랭크 자세에서 팔을 몸 쪽에 붙이고 직각으로 반만 내려온 상태에서 버티는 자세) 동작을 추가로 실시한다. 이 동작만으로도 엄청난 운동 효과가 있다.

나는 매일 아침에 명상과 요가를 하고 나서 덧붙이는 동작들이 있다. 팔굽혀펴기다. 요가 강사 자격증 반에서 수련하면 매일 플랭크 동작과 차투랑가 동작을 이어서 하는데 처음에는 3초 버티기도 힘들었다. 여기서 수직으로 일어나면 팔굽혀펴기가 되는데, 남자들은 '이게 왜 안 되지?'라고 의아해할 수 있다. 여자들이 하기엔 너무 힘든 동작이다. 처음에는 무릎을 대고 몸을 직각으로 유지한다(이때 엉덩이가 올라가거나 내려가면 안 된다). 할 수 있는 만큼 정확한 동작으로 두세 개라도 하면 좋다. 이렇게 시작해서 8회, 10회, 15회, 20회까지 늘린다. 이 동작이 잘되면 무릎을 떼고 5회, 8회, 10회로 조금씩 늘려나가는 것이다. 이렇게 열흘 정도 하자 미세한 등근육까지 생기면서 점점 몸에 힘이 생기는 것이 느껴졌다.

사랑하는 라면, 당분간 안녕

요즘 어떤 순간보다 더 열심히 진심으로 나의 몸과 마음에 집중하고 있다. 그러다 문득 나의 몸 안은 어떤 상태인지, 나의 장기들은 안녕한지, 내 몸을 위해 어떤 음식들은 섭취하고 있는지 궁금해졌다. 사실 나는 라면, 고기, 면을 너무 좋아한다. 라면이라면 자다가도 벌떡 일어날 정도다.

나를 바꾸어보겠다고 '다.양.한.나.'를 시작하면서 내 안의 장기들까지 건강하게 해주고 싶었다. 요가 이론 수업에서 강사님은 몸 속을 깨끗하게 하는 요가도 있다고 했다. 그래서인지 요가 강사님들은 주로 채식을 많이 한다고 했다. 나를 지도했던 강사님도 몸 안의 장기까지 수련하기 위해 채식을 한다고 했다. 입이 원하는 건 따로 있지만, 몸에 좋다는 음식들, 꼭 챙겨 먹어야 하는 건강 보조 식품들도 먹기 시작했다.

하루치 약을 열 칸으로 분리된 통에 넣어 다니면서 먹는 친구가 있다. 콜라겐, 비타민D·C, 오메가3, 밀크시슬 등 약만 먹어도 배가 부를 것 같은데, 꼬박꼬박 시간 맞춰 잘 챙겨 먹는다. 옆에 있으면 "너도 이제 이런 거 먹어야 할 나이야" 하면서 챙겨주는데, 그래서 그 친구의 미모가 유지되는 것 같기도 하다. 40대가 넘어가면 콜라겐 생성이 안 된다고 하니, 피시콜라겐, 노니주스, 비타민D, 오메가3 등을 사서 먹기 시작했다. 음식도 가능하면 몸에 좋다는 파프리카, 체리, 견과류, 구운 달걀 등을 매일 모닝 루틴이 끝나면 챙겨 먹었다. 기분 탓인지 피곤하지 않다.

아침은 간단한 건강식으로 하고 점심은 그때그때 약속에 따라 먹고, 저녁은 가능하면 현미와 보리밥을 섞은 집밥으로 먹으려고 노력했다. 나는 회사만 열심히 다녀서 집안일에 그다지 익숙하지 않다. 잘하는 걸 하면 된다는 주의이기 때문에 무리하게 음식을 한다든가 집안일을 하진 않았다. 효율적으로 하는 게 좋은 거라고 생각했다. 하루는 잡채를 하겠다고 세 시간을 들여서 온 집안을 어지럽혔는데, 집 앞 반찬가게에서 3,000원에 맛있는 잡채를 팔고 있었다. 심지어 만드는 과정도 보여주었다. 그래서 기본 반찬은 사 먹는 것으로 타협했다.

당분간이지만 내가 그렇게 사랑하던 라면에게 안녕을 고하는 시간이다. 다시 출근을 하게 되면 분명 먹게 되겠지만, 지금 이 순간만큼은 안녕!

간단한 동작만으로 오케이 - 체력 증진 루틴

본인의 컨디션에 맞게 노래하듯 '플차코-플차코-플차코'를 할 수 있는 만큼 반복한다(처음 하는 사람들은 무릎을 바닥에 대고 한다. 이때 엉덩이가 올라가지 않도록 주의할 것).

- 플 : 플랭크(막대기처럼 두 발 두 손을 지지하고 시선은 삼각점 끝에 둔다) 최소 10초~1분 유지
- 차 : 차투랑가 단다사나(플랭크에서 직각으로 반만 내려와 유지한다) 최소 3초에서 20초
- 코 : 코브라 자세(바닥에 몸을 대고 호흡을 들이마시며 머리와 흉추를 반만 들어올린다)

척추를 올바르게 하는 시간

참는 자에게 복이 있나니

우리 몸의 뼈는 어린 시절 350개로 시작했다가 성인이 되면서 점차 개수가 줄어든다. 이는 뼈가 생성되고 자리 잡으면서 나타나는 현상이다. 그래서 다 자란 성인의 뼈는 개수가 대폭 줄어든 206개로 이루어져 있다.

206개의 뼈 중에 척추(경추, 흉추, 요추, 천추, 미추)는 26개로 이루어져 있다. 전체 뼈의 10퍼센트가 넘는다. 10퍼센트는 적은 숫자가 아니다. 튀어나오고 휘어진 나의 척추는 이미 고착화되었고, 노화가 점점 진행되고 있다. 그래서 척추뼈를 정상인처럼 C 커브형으로 돌릴 수 없다는 것을 알고 있다. 하지만 D 자형에서 I 자형 정도는 노력하면 바꿀 수 있지 않을까?

매일매일 호흡과 요가를 하며 척추 강화 운동과 재활을 열심히 하기로 했다. 재활치료를 받는 과정은 생각보다 쉽지 않았다. 정말 큰맘먹고 가야 한다. 들어가기 전에 깊은 호흡을 여러 번 한다. 내가 들어가면 치료사님들도 긴장하는 것 같다. 엄청난 힘을 가해 튀어나온 척추뼈를 반대쪽으로 누르고 주변의 짧아져 있는 근육들을 주로 늘려주는데 너무 고통스럽다. 나는 통증에 그다지 민감한 편이 아니라서 간단한 치료를 받을 때는 마취를 하지 않는다.

그런데 척추 교정은 내가 생각했던 것 이상으로 아팠다. 호흡을 하면서 어떻게든 버텨보려고 했지만 결국 비명이 터져 나왔다. 뼈를 깎는 아픔까지는 아니어도 얼추 그것과 비슷할 것 같았다. 순간 '그만하겠다고 이야기할까? 멈춰달라고 할까?' 하는 생각이 들었다.

그때 깊은 호흡을 다시 한 번 하고 척추가 펴지는 상상을 했다. 언제까지 에일리언으로 살 수는 없지 않은가? 더 아파지기 전에, 내가 좋아하는 요가와 발레를 즐겁게 더 오래 하기 위해 척추의 교정은 반드시 필요하다.

나는 '걸신'이다

재활을 한 날은 허리도 덜 아프고 약간 허리가 펴진 것 같은 느낌이 든다. 그러니 아파도 가지 않을 수가 없다. 요가 동작들도 조금 더 잘되는 것 같고, 조금씩 개선되고 있는 것 같다. 나는 아침부터 스케줄을 타이트하게 잡고 매일 움직였는데 생각보다 이동하는 시간이 많았다. 그렇다면 이동 중에, 또는 차를 마시는 중에, 식사를 하는 중에도 척추를 개선할 수 없을까? 재활하면서 배운 교정 운동을 살짝 바꿔서 양치질을 하듯 습관으로 만들기로 결심했다.

2020년 여름, '스타벅스'에서 서머 체어 행사를 열었다. 나도 그때 하늘색 접이식 의자를 갖게 되었다. 이 의자에 앉으면 허리가 저절로 펴진다. 낚시 의자보다 조금 크고 단단해서 내가 앉으면 정확하게 무릎과 바닥이 직각이 되어 척추 운동을 하기에 너무 좋다. 소파 옆에 놓고 앉아 책도 읽고 차도 마시고 신랑과 두런두런 이야기도 나눈다. 할 수만 있다면 식사도 여기 앉아서 하고 싶은데 식탁이 너무 높다. 여기 앉아서 흉추를 흉골 방향으로 밀면서 숨을 최대한 깊게 들이쉬고. 흉추를 다시 제자리로 돌아오게 할 때 깊게 내쉰다.

여기 앉아 있을 때마다 정도의 차이지만 계속 흉추 밀어내기를 하고 있다. 이야기할 때는 작게, 혼자 책을 읽을 때는 깊게. 여기가 이제 나의 지정석이다. 전철이나 버스를 탈 때도 가능하면 서서 척추 세우는 흉식 호흡을 한다. 앉을 때는 최대한 엉덩이를 살짝만 걸터앉기 신공을 발휘한다. 그러면 척추가 자연스럽게 펴지고, 옆 사람과 부딪히지도 않는다. 요즘은 마스크를 쓰고 있어서 나의 호흡 소리가 들리지 않고, 다들 스마트폰을 보느라 남에게 관심이 없다. 다행이라고 해야 할지 모르겠으나, 나는 지금 내 일상에 척추를 위한 호흡과 흉추 밀어내기를 정착시키는 중이다. 언젠가는 I 자형이라도 되는 날이 오겠지 하는 마음으로 오늘도 걸터앉기 신공은 진행 중이다.

똑바로, 똑바로 - 척추 세우기 루틴

일상에 스며들어 있는 호흡과 걸터앉기 신공 동작은 배제하고 척추만 집중적으로 세우는 루틴을 참고하자. 음악과 함께하면 신도 난다.

TV 프로그램 <퀴즈탐험 신비의 세계> 주제가 "(우~ 우~ 우~ 아~ 우아~ 우아~) 퀴. 즈. 탐. 험! 신비의 세계! 퀴즈, 퀴즈, 퀴즈탐험! 지~구는 숨을 쉰다!"에 '비. 브. 고. 견! 플차코아! 비브, 고견, 플차코아! 비~브고견 플차 코아!'라는 라임을 갖다 붙이면 찰떡같이 붙는다. 노래를 따라 부르면 이때부터 내 척추는 숨을 쉰다!

- 비 : 비틀기(누워서 한쪽 다리를 접어 반대쪽으로 넘기면서 호흡을 10초 유지한다. 양쪽 다 실시한다)
- 브 : 브리지 자세(누운 상태에서 두 무릎을 직각으로 세워 엉덩이와 척추

를 하늘 방향으로 들어 올린다. 10회 정도 버티고 호흡과 함께해야 한다)

- 고 : 고양이 자세(테이블처럼 자세를 만든 후 숨을 들이쉴 때 척추를 바닥으로 내리고, 숨을 내쉴 때 고개를 숙여 척추를 하늘 방향으로 천천히 올리면서 호흡한다. 10회 한다)
- 견 : 견상 자세(고양이 자세에서 엉덩이를 하늘 쪽으로 높이 뻗어 올려 뒤꿈치에 무게중심을 두고 강아지가 기지개를 펴는 모양을 한 뒤 호흡한다. 이때 어깨는 따라 올라가지 않도록 계속 내려준다)
- 플 : 플랭크(몸이 나무 막대기처럼 보이도록 한다. 코어 강화는 척추 세우기의 기본이므로 중요한 자세다)
- 차 : 차투랑가(플랭크에서 직각으로 반만 내려와서 10초 이상 버틴다)
- 코 : 코브라 자세(숨을 들이쉬면서 가슴을 반만 들어 올린다. 10초 이상 버틴다)
- 아 : 아기 자세(상체를 무릎으로 숙여서 숨을 내뱉으며 무리했던 척추를 쉬게 한다)

이제야 내 눈앞에 나타난 발레

익스트림이었던 내가 핑크핑크함에 빠지던 날

나는 익스트림 스포츠 마니아다. 남자 형제 틈바구니에서 자란 탓에 모험 스포츠를 즐기며 느와르 영화나 과한 액션 영화를 매우 좋아한다.

한창때는 주말마다 스키장에서 산 적도 많았고 해외까지 원정 스키를 다니기도 했다. 아마추어 스키 대회에 참가하느라 열심히 연습하다 무릎이 돌아간 적도 있다. 스키 열풍이 휩쓸고 간 이후에는 스킨스쿠버에 빠져들어 바닷속에서 만타, 거북이, 고래상어와 유영도 해보고 급류에 휩쓸려 죽을 고비를 넘긴 적도 있다. 태국에 가면 무에타이를 배우고 유럽에 가서 패러글라이딩을 하며 익스트림과 액션 스포츠를 즐기던 나였다.

지금으로부터 2년 전 어느 날, 같은 부서에 근무하는 언니가 문화센터에서 발레를 같이 배우자고 제안했다.

'발레라…… 너무 정적인 운동 같은데…….'

맨 먼저 이런 생각부터 들었고 그래서 뜨악했지만, 퇴근하고 집에 가는 길에 있으니 '한번 해볼까?' 하는 마음으로 회사 근처 백화점 문화센터에 등록했다. 초급반은 대부분 편한 복장들이었고, 나도 집에 있는 운동복을 입고 수업에 참여했다.

첫 시간에 선생님이 검은색 레오타드, 핑크 스커트, 핑크 슈즈를 원하는 수강생들한테 팔았는데 이게 화근이었다. 지금 생각하면 정말 싼 기본 레오타드에 스커트, 슈즈였는데 입고 보니 뭔가 자세가 달라지는 것 같고 기분이 좋았다.

수업 시작 전 틀어주신 음악이 아돌프 아당의 '지젤'이었던 듯한데, 많이 들어보던 클래식과 함께 몸을 움직인다는 것이 신기했다. 해외 출장을 갈 때마다 좋은 공연을 많이 봤기에 내 눈과 귀는 알고 있었다. 발레가 얼마나 우아하고 아름다운 예술인지! 내 몸은 우아하지 않았지만, 그 순간 다른 사람처럼 느껴졌다. 매트 운동이 대부분이었지만 나와 발레의 인연은 그렇게 시작되었다.

발레와 사랑에 빠진 게 죄는 아니잖아?

무슨 일이든 한번 꽂히면 물불 안 가리는 성격이었던 나는, 발레와 마주치자 급격히 그쪽으로 내달리기 시작했다. 한 달 정도 지나서 같이 다니는 언니는 그만두었고, 나는 한 달 정도 더 다니다가 동네 전문 학원으로 옮겼다.

'우리 동네에 이런 학원이 있을까?' 하는 미심쩍은 마음으로 찾아봤는데 발레 학원이 제법 있었다. 역시 관심을 가지면 보이고 길이 생긴다더니 틀린 말이 아니었다. 평일은 퇴근 시간을 장담할 수 없고, 그나마 주말이 내가 온전히 쓸 수 있는 시간이었기에 주말반을 등록했다.

그런데 동네에 있는 평범한 학원이 아니었다. 문화센터에서는 매트 바닥에서 주로 구르고 움직이고, 바에서 플리에(Plie, 다리를 회전한 상태에서 엉덩이를 넣고 상체를 세운 후 무릎을 굽혔다 피는 동작)를 하는 정도였는데, 여기는 차원이 달랐다. 모두 왈츠 스텝을 하고, 점프를 하고, 턴을 우아하게 돈다. 나는 할 수 있는 동작이 없어서 쭈뼛쭈뼛 허수아비처럼 겨우겨우 따라 하면서 수업에 집중했다. 나도 언젠가는 센터(매트 운동과 바 워크까지 마친 후 실제 무용실 홀 중앙에서 동작들을 연결해서 배우는 시간)에서 주눅 들지 않고 피케턴(Pigue turns)을 연속으로 팽이처럼 돌 수 있는 날이 오겠지?

학원을 다닌 지 얼마 되지 않아 작은 발표회를 한다고 했다. 마침 일요일 수업을 마치고 바로 시작하는 행사여서 구경하기로 했다. 그런데 학원에서 하는 작은 행사라고 하기에는 '풀 장착'이었다. 발레 공연에서 볼 수 있는 공주나 요정 같은 우아한 튜튜 의상들을 입고 그동안 연습했던 작품들을 공연했다. 물론 개인차는 있었지만 내가 보기엔 모두 발레리나들이었다. 그 순간 나도 저렇게 멋지게 발레리나처럼 내 작품을 하겠다고 결심했다.

발레로 즐거운 인생

사실 발레가 단기간에 실력 향상이 되는 종목도 아니고, 특히 나이가 많을수록 힘들다. 전신 근육을 사용해야 하기 때문에 그 어떤 운동보다 칼로리 소모도 많고 근력도 길러진다. GX 운동 중에 칼로리 소모가 높기로 유명한 '태보'나 '스피닝'도 열심히 해봤지만, 발레만큼 몸을 단련시키는 종목은 없었다. 웨이트는 근육을 짧게 만들어 강화하는 데 반해 발레는 근육을 늘이기 때문에 그 느낌을 찾기가 쉽지 않다. 땀이 잘 나지 않아 운동을 하면서 수건을 가지고 다녀본 적이 없는데, 발레를 할 때는 손수건이 필수다(일반 손수건 아니고 타월 재질의 조금 긴 수건이 좋다).

나무위키백과에서 발레에 관한 아주 재미있고 공감되는 설명을 보았다. 극진공수도의 창시자인 최배달 총재에게 누군가 '제일 싸우기 힘든 격투기는 어떤 종류였는가'라는 질문을 했는데 '발레 댄서랑은 절대 싸우지 마라'고 했다고 한다. 발레는 고도의 점프와 턴 기술을 요구하는 무용이고, 그만큼 그 기술을 구사하는 댄서들의 근력, 유연성, 민첩성은 일반인과는 비교가 안 될 정도이기 때문이다. 그 말이 백번 이해가 된다. 발레는 우리가 평소에 사용하지 않는 근육까지 단련한다. 그 사실을 싸움 고수인 최배달 총재는 알고 있었을 것이다.

발레 메이트들과 선생님들은 내가 발레에 집중하는 데 도움을 주었다. 나보다 실력도 월등했고, 선생님은 조금 더 동작을 알려주려고 저녁 9시 30분에 끝나는 수업이 11시에 끝날 때도 많았다. 그만큼 모두 열정이 넘쳤고 발레에 대한 사랑이 있었다. 지금은 회사 동료들 이외 가장 많이 연락하고 의견을 주고받는 사이다. 취미가 같으니 해외여행을 같이 가서도 발레 클래스를 같이 듣고, 발레 용품들을 같이 구입한다. 혼자서도 할 수 있는 일이지만 함께한다는 건 또 다른 행복이다. 이들을 만나게 되어 인생이 조금 더 재미있어졌다.

살찐 상태에서 시작하라

내가 즐거워하는 것들을 주변 지인들에게 주로 추천을 하면서 같이 하자고 제안을 많이 하는데, 특히 발레는 정말 강력 추천한다.

이 책을 쓰기 시작한 이유가 나를 좀 더 깊이 바라보고, 내가 느낀 좋은 것들을 나누고 싶어서다. 명상은 '다.양.한.나.'를 하면서 내 마음속에 있는 나와 만나는 시간이라면, 발레는 내 몸을 있는 그대로 보는, 외면의 나와 만나는 시간이다. 레오타드를 입고 사방의 거울로 나의 모습을 적나라하게 들여다본다고 생각해 보라! 생각만 해도 아찔하지 않은가? 그 상상이 본인을 자극시킨다면 지금 당장 발레를 시작해야 한다.

발레를 시작하기 전 내 몸무게는 거의 60킬로그램에 육박했다. 166센티미터로 키가 좀 있으니 사람들이 몰랐을 뿐, 워낙 사람들과 어울려 회식을 하고 술을 마시는 생활이 일상이었기 때문에, 어쩌면 당연한 결과였을지도 모른다. 몸은 거짓말을 하지 않는다. 내 생활 패턴이 몸으로 그대로 나타난다. 가장 정직한 것이 사람의 몸이다.

처음 레오타드를 입고 거울을 봤을 때의 충격이 생생하다. 동실동실한 비루한 몸으로 검은색 레오타드와 핑크 치마를 입고 서 있는 내 모습이 내가 아닌 것 같았다. 그렇게 내 몸을 큰 거울로 자세히 오랫동안 볼 일이 없었기 때문에 몰랐던 것이다. 이제라도 알게 돼서 얼마나 다행인가?

주변 사람들은 신경 쓸 필요 없다. 내가 좋아서 내 돈 내고 하는 종목이니 나만 열심히 하면 된다. 살을 빼려고 발레를 시작한 건 아니었다. 발레의 우아함에 매료되어서, 의상의 아름다움에 빠져서, 음악에 심취해서 발레를 열심히 했는데 살은 저절로 빠지기 시작했다. 음식 조절을 한 적도 없고, 다이어트는 더군다나

한 번도 해본 적이 없다. 직장 생활을 하면서 먹는 낙도 크다. 하지만 지금 나의 몸무게는 49킬로그램이다. 나도 오랜만에 몸무게를 재보고 너무나 놀랐다. 초등학교 이후 나의 몸무게는 앞자리가 4였던 적이 없다. 물론 인생을 사는 데 몸무게가 중요한 건 아니지만, 몸이 가볍고, 날렵해지고, 옷을 살 때 적어도 고민을 덜 해도 된다. 그냥 즐겁게 발레를 했을 뿐인데 살까지 빠진다.

3개월만 버티면 평생 간다

회사 다닐 때는 저녁반과 주말반을 다녔는데 휴직 기간인 요즘에는 아침에 모든 루틴을 끝내고 발레 학원에 간다. 10시가 주로 왕초급반, 11시 반이 초중급 반으로 주부와 대학생들이 대부분이다. 얼마 전에는 무릎 안쪽의 인대가 늘어나서 10시 왕초급반에서 수업을 받았는데, 내가 토슈즈를 신고 수업을 받으니까 끝나고 나면 사람들이 꼭 이렇게 물어온다.

"얼마나 하면 토슈즈를 신을 수 있어요?"

그러면 항상 나는 "사람에 따라 개인 차이가 있는데 일단 3개월만 버티세요"라고 이야기해준다. 여기서 3개월은 나름 의미 있는 숫자다. 보통 학원을 3개월 단위로 수강 신청을 하면 할인이 되고 나 자신에게 압박을 주기 위해 처음에는 보통 3개월씩 결제를 한다. 나도 그랬고, 대부분이 그럴 것이다.

나는 처음에는 주 1회 다니다가 주 2회로 변경, 얼마 지나서 다시 주 3회로 변경했다. 지금은 주 5회를 고정적으로 다니고 있다. 물론 다른 일들로 못 나갈 때도 많지만 시간만 된다면 매일 하고 싶다. 발레는 노력에 비해 굉장히 더디게 느는데 그 시간을 이기지 못하면 발레를 그만두게 된다. 모든 일이 그렇겠지만 내가 얼마나, 어떻게 집중하느냐에 따라 나의 자세와 동작들이 바뀌는데 그 순간을 기대하면서 즐겁게 하면 된다. 즐거움이 스트레스가 되면 안 되니 그 자체를 즐겨야 한다. 그러니 자신을 믿고 3개월만 버텨라!

"여보, 발레 선수 할 거예요?"

2019년에 학원에서 열린 작은 발표회에 참여했고 군무와 독무도 했지만, 사실 배운 지 얼마 안 되어서 후회가 많이 남는다. 2020년 올해는 본의 아니게 쉬는 기간도 있고, 나의 버킷 리스트 중 하나였던 '토슈즈 신고 발레 콩쿠르 나가기'를 준비하고 있다. 발톱이 빠질 것 같고 다리도 너무 아프고 힘들지만 조금씩 조금씩 발전하는 내 모습이 보인다.

너무 늦은 나이에 시작한 너무 힘든 발레지만 재미있으니 좀 더 집중하는 수밖에. 이런 나를 보고 신랑이 묻는다.

"여보, 발레 선수 할 거예요?"

발레 선수라니 너무 신선한 발상 아닌가? 발레리나도 아니고 발레 선수! 할 수 있다면 발레 선수라도 하고 싶다. 코로나19로 취미 발레 콩쿠르들이 취소되거나 연기되고 있지만, 조만간 나는 어느 무대에서 우아한 튜튜 스커트에 분홍색 토슈즈를 신고 멋지게 공연할 것이다.

나 자신에게 응원을! 그리고 곧 시작할 당신들에게 박수를!

스트레칭이 필요한 순간

2020년 코로나19가 사람들의 발을 묶으면서 스마트폰과 TV를 보는 시간이 부쩍 늘어났다. 바깥출입이 줄어들고 집에서 지내는 시간이 많아지면서 자연스럽게 움직임 없이 일정한 자세로 지내는 시간도 늘어났다. 이것은 우리가 의도치 않게 몸에 무리를 주고 있다는 뜻이다. 밖으로 나갈 수 없다면 집에서, 일터에서, 어디에서든 할 수 있는 생활 속 습관의 변화를 통해 삶의 활력을 찾는 방법이 있다. 바로 '스트레칭'의 생활화다.

스트레칭은 몸의 균형을 바로잡아줄 뿐 아니라 근육과 근육 사이를 늘려 몸이 조화롭게 움직일 수 있도록 도와준다. 특별한 도구도 필요 없으며, 내가 있는 공간이 곧 스트레칭을 할 수 있는 장소가 된다. 몸이 올바른 곳으로 향하면 마음도 바른 곳으로 갈 수 있다. 단

2~3분의 스트레칭을 통해 몸의 피로를 풀고 활력을 느낄 수 있으며, 운동 전후 부상을 예방할 수 있다. 누구나, 언제, 어디서나 할 수 있는 셀프 스트레칭 방법을 몇 가지 소개한다.

집에서 하는 스트레칭

최근 집에 있는 시간이 많아지면서 알게 된 사실이 하나 있다. 집에만 있으면 내 몸은 눕기를 원한다는 것이다. 몸은 마냥 늘어지고, 한없이 벽과 소파를 향해 기대게 된다. 그러다 결국 편하게 눕는다. 집에서는 남녀노소 할 것 없이 소위 '눕방'을 주로 하게 된다. 누워 있는 자세로 오랜 시간을 보내면 몸의 정렬이 조금씩 무너진다. 그리고 한번 무너지기 시작하면 가속도가 붙어 계속 편한 것을 찾는다. 이를 방지하기 위해 누구나 쉽게 할 수 있는 스트레칭을 소개한다.

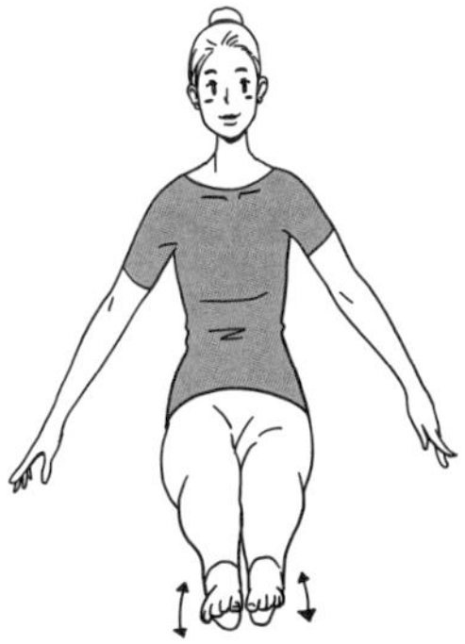

포인(Point) & 플렉스(Flex) & 발목 돌리기

발레의 기본 동작인 포인, 플렉스, 발목 돌리기는 쉬워 보이지만 정확한 자세로 하면 자세를 바로잡아주고, 척추를 바로 하는 데에도 효과가 있다. 종아리와 허벅지 근육을 늘려주고 강화해주기 때문에 생각날 때마다 수시로 실시하면 근력과 동시에 바른 자세를 유지할 수 있다. 포인과 플렉스를 한 후에 발목 돌리기까지 세트로 하면 가장 좋다.

- 포인 : 발등을 쭉 펴서 발끝을 바닥으로 누르는 동작. 두 다리를 쭉 펴고 허리를 길게 뽑아 세운다는 느낌으로 발끝을 바닥으로 누른다. 발등과 아킬레스건 그리고 종아리의 근육을 이완하는 효과가 있다.
- 플렉스 : 발등을 몸 쪽으로 젖힌 상태로 무릎 뒤에 종아리가 당긴다는 느낌이 들도록 발등을 무릎 방향으로 최대한 당긴다.
- 발목 돌리기 : 몸의 정렬을 유지한 상태에서 발목을 크게 바깥쪽, 안쪽으로 같은 횟수를 돌린다. 발목으로 원을 그린다고 생각하고 하면 발목의 유연성도 좋아지며 발목 힘도 길러진다.
- 누워 있을 때(일어나서, 잠들기 전) : 누워 있는 상태에서 포인과 플렉스 그리고 발목 돌리기를 10회씩 반복한다. 누운 상태에서 무릎을 곧게 펴고 몸을 쭉 늘인다는 느낌으로 발끝에 힘을 주어 포인, 플렉스, 발목 돌리기를 실시한다.

앉아 있을 때(TV, 핸드폰 볼 때) : 바닥에 ㄴ자로 앉은 상태에서 허리를 곧게 세우고, 어깨는 뒤로 돌려 내린 상태에서 TV를 보면서 포인, 플렉스, 발목 돌리기를 계속 실시한다. 척추는 곧게 편 상태에서 호흡을 들이마시고 실시하면 자세 교정 효과와 종아리, 허벅지, 발목 운동까지 할 수 있다.

나비 자세(Baddha Konasana)

나비 모양의 자세로 양발 바닥을 마주 붙인다. 골반의 혈액순환을 돕고 무릎 관절과 고관절을 이완하는 아주 좋은 자세이므로 수시로 하면 좋다. TV나 인터넷을 보며 할 수 있는 동작으로 발바닥을 붙였을 때 무릎이 바닥에 닿는 것이 좋다. 잘 안 될 때는 두 무릎을 나비처럼 팔랑팔랑 움직여 자세를 잡는다. 양 무릎이 바닥에 붙는다면 머리와 가슴이 말리지 않게 숨을 내쉬며 앞으로 숙인다. 나비 자세에서 목 운동과 사이드 스트레칭을 동시에 해주어도 효과가 좋다.

일터에서, 학교에서

우리는 알게 모르게 일터나 학교에서 장시간 같은 자세로 일을 하거나 공부를 하면서 몸에 무리를 준다. 이때는 간단한 스트레칭을 해보자. 한두 가지 동작만으로도 한결 몸이 가벼워지고 능률도 올라가는 것을 느낄 수 있다. 목과 어깨 그리고 등과 허리를 수시로 스트레칭해주면 거북목, 어깨 말림 등을 예방할 수 있다.

목이 뻣뻣한 순간

척추를 곧게 세우고 의자에 앉아서 한 손으로 머리를 10초간 지긋이 눌러준다. 양쪽 다 실시하며 머리를 앞, 위로도 10초씩 내렸다 올렸다 반복한다. 빠르지 않게 호흡과 함께하면 뻣뻣했던 목이 조금은 부드러워진다.
수시로 목을 천천히 돌려주는 것도 좋은 스트레칭이다. 이때 어깨가 따라 올라가면 안 된다는 것을 명심하자.

어깨가 뻐근한 순간

- 어깨 돌리기 : 어깨를 뒤로 돌려 내리고 양팔을 둥글게 위로 말아 팔꿈치를 위쪽으로 5회 돌려 내리고 반대도 똑같이 5회 실시한다. 호흡과 함께해야 스트레칭 효과가 배가된다는 것을 잊지 말자.
- 양손 뻗어 스트레칭 : 의자에 앉아서 양손은 올린 채 깍지를 끼고 호흡과 함께 상체를 좌우로 번갈아 기울인다. 기울일 때 반대편 어깨 근육이 늘어난다고 생각하고 실시하자. 생각날 때마다 이 동작을 실시하면 업무 능률도 올라간다.

허리가 아픈 순간

- 책상이나 의자를 길게 잡고 몸을 숙여 척추를 길게 늘이며 호흡한다.
- 의자에 곧은 자세로 앉아 한쪽 손으로 의자를 잡고 숨을 내쉬며 트위스트를 한다. 천천히 호흡과 함께하며 양쪽으로 동일하게 실시한다.

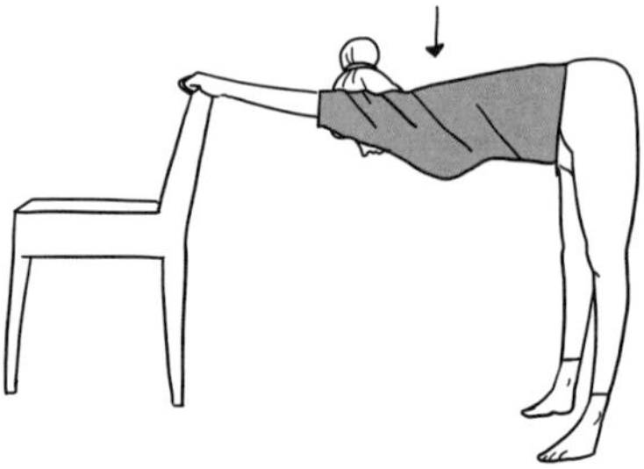

등이 결리는 순간

- 의자에 가볍게 걸터앉아 배에 힘을 주고 머리를 두 손으로 감싸고 호흡을 내쉬며 등을 둥그렇게 말아준다. 반대로 올라올 때는 흉추를 천천히 앞쪽으로 들어 올려 늘인다.
- 아무 벽이나 양손으로 어깨 위치에 손을 뻗어 배를 살짝 내려준다는 느낌으로 등을 스트레칭한다. 두 다리를 어깨 넓이로 고정하고 실시한다.

일상생활에서, 운동 전에

운동 전후로 반드시 필요한 것이 스트레칭이다. 골프, 육상, 스키, 축구 등 모든 운동 전후로 반드시 근육을 이완해야 실력이 향상되고 사고를 예방할 수 있다. 또한 전철을 탈 때, 서 있을 때, 차를 마실 때 언제 어디서든 내 몸을 위한 스트레칭을 통해 몸과 마음을 바르게 할 수 있으니, 생각날 때마다 스트레칭을 생활화한다.

대중교통을 이용하는 모든 순간

뒤꿈치를 올렸다 내렸다 반복한다. 호흡을 최대한 들고 정수리에서 누가 잡아당긴다는 생각으로 뒤꿈치를 올렸다 내렸다 한다. 장딴지는 제2의 심장으로 불리기 때문에 혈액순환을 촉진하고 발목 강화에도 좋다.

엘리베이터나 혼자 잠시 있는 순간

의자나 벽을 잡고 한쪽 발목을 잡아 허벅지에 붙여 허벅지 앞쪽 근육을 늘여준다. 균형이 잘 잡힌다면 의자나 벽에서 손을 떼고 한쪽 발목을 잡아 호흡을 내쉬며 발꿈치를 허벅지 쪽으로 잡아당긴다.

운동이 필요한 순간

당장이라도 뛰거나 공을 차고 싶겠지만 반드시 충분한 스트레칭을 실시해야 한다. 목 돌리기, 어깨 돌리기, 비틀기, 허벅지 이완 등 운동 전에 필요한 근육들을 충분히 이완시켜 부상을 예방하고 실력은 최대한 발휘될 수 있도록 하자.

3장

매 순간 살아 있어라

많은 것이 달라 보인 회사의 풍경

오랜만의 출근, 마음이 남달랐다

2020년 봄, 휴직을 하고도 나는 나름 바쁜 일상을 보냈다. 하루하루 헛되이 보내지 않으려고 타이트하게 일정을 잡고 무엇이든 배우고 무엇이든 하려고 했다. 3개월 정도 지나서 다시 출근을 앞두고 잠이 오지 않았다. 아침 5시에 하루를 시작하기 때문에 저녁 11시면 자동으로 눈이 스르륵 감기는데 말이다. 오랜만에 회사 갈 생각에 이리저리 뒤척였다. 마음 수련 이후 잘 하지 않던 꼬리에 꼬리를 무는 생각이 또 나온 것이다. 오랜만에 출근이니 아주 일찍 갈까? 커피를 사갈까? 빵을 사갈까? 이런저런 생각에 잠이 쉽게 들지 않았다.

5시, 이제는 알람이 울리기 시작하면 몸이 자동으로 반응한다. 똑같이 '다.양.한.나.'를 만나는 모닝 루틴을 시작하고, 오전 일기를 쓰고, 출근길에 나섰다. 도착하니 6시 50분! 갑자기 기분이 좋아졌다. 원래 회사에 출근하는 것을 좋아했는데, 이번에는 느낌이 남달랐다. 헤어진 이산 가족까지는 아니더라도 회사 정문이 이렇게 아름답게 느껴질 수가 없었다.

정문 앞에서 반가운 경비 아저씨께 큰 소리로 인사했다.

"안녕하세요? 오랜만에 뵙겠습니다."

90도로 인사했다. 조용한 로비에 내 목소리가 쩌렁쩌렁 울렸다.

'내 목소리가 원래 이렇게 컸었지…….'

잊고 있었다. 예전엔 종종 계단으로 올라갔으나, 첫날 너무 땀이 나면 곤란하니 엘리베이터를 타고 17층 사무실로 직행했다. 너무 오랜만이라 ID 카드가 안 찍히면 어떡하나 걱정도 되었다. 아직 아무도 출근하지 않은 시간이었다. ID를 태깅하자 철컥! 하는 특유의 열림 소리가 이렇게 반가울 수가 없었다.

감사하고 감사할 일 '천지삐까리'

사무실은 모든 게 그대로였다. 온 사무실에 불을 켜고 내 자리로 직진했다. 휴직 전에 정리하고 갔던 모습 그대로다. 생각보다 깨끗했다. 하지만 PC에 먼지가 자욱이 앉아 있었다. 내 PC가 이렇게 컸던가? 모니터도 이렇게 컸었나? 집에서 노트북만 사용하다 데스크톱을 보니, 그 '위용'이 남달랐다.

책상과 PC를 열심히 닦고, 역시 먼지가 자욱한 나의 전용 컵들도 깨끗이 닦았다. 그리고 4월에 멈춰 있는 달력들을 넘겼다. 후루룩 몇 장을 넘기는데 기분이 묘했다. 잠깐 집에 갔다 온 것 같은데 몇 개월이 지나다니! 좀 과장되게 한단지몽(주막에서 밥이 끓는 잠깐 사이에 꿈속에서 영화를 누리며 파란만장한 50년 동안의 인생을 경험한다는 이야기) 같다는 생각이 들었다.

모든 것이 제자리였다. 오래 로그인을 하지 않아 비밀번호 바꿀 때도 되었고, 알약 업데이트도 해야 하고, 할 일이 제법 있었다. 주변을 정리하고 커피를 마시러 탕비실로 갔다. 역시 사무실에서 마시는 커피가 최고다. 누군가가 내려 먹는 원두도 가져다 놓았다. 감동이다. 당연하다고 생각했던 것들이 하나하나 새삼스럽게 느껴진다. 출근해서 복잡한 업무를 처리해야 했지만 전혀 스트레스로 느껴지지 않았다. 예전의 나였다면 또 스트레스를 받으며 마음속에서 지진이 났을 것이다. 코로나19로 많은 사람들이 일자리를 찾지 못하고 일터로 돌아가지 못하는 지금, 나는 복 받은 휴직자라는 생각밖에는 떠오르지 않았다. 열심히 하고 싶었다. 이렇게 업무를 할 수 있고 회사에 출근할 수 있음에, 정든 내 PC와 함께 작업할 수 있음에 감사했다.

8시가 되자 사무실에 출근해야 할 인원은 다 나왔다. 그런데

도 사무실이 텅 비었다. 유일하게 들리는 건 나의 인사 목소리!

"오랜만에 뵙겠습니다!"

같은 팀 왕언니는 나를 보더니 "이제 사무실 좀 시끄럽겠군" 하고 웃으며 인사를 건넸다. 아, 얼마나 인간적인가? 나의 키보드와 나는 당분간 '열일'을 할 예정이므로, 다들 시끄러워도 조금만 참아주시길!

어라? 돼지바

출근하고 제일 좋은 점은 19층에서 제공되는 점심 식사였다. 회사 동료들은 맛없다고 외식을 많이 했는데 나는 아니었다. 짜지도 달지도 않은, 적절한 간에 원하는 만큼 배식을 해주는 시스템이 너무 좋았다. 심지어 나는 맛있었다. 그래서인지 주방장님 포함 일하는 분들이 내가 오면 메인 메뉴를 두 배로 덜어주기도 했다. 여기서만큼은 상급자보다 내가 더 대접받았다.

어느 날 마트에나 있을 법한 아이스크림 냉장고가 사무실로 들어오더니 다음 날부터 아이스크림이 가득 채워지기 시작했다. 노조에서 휴업 기간 근무하는 직원들을 격려하기 위해 지원하는 것이라고 했다.

나는 아이스크림을 그다지 즐기는 편은 아니다. 너무 달고, 너무 딱딱하고, 이가 시릴 정도로 차가운 탓이다. 그런데 오후 4

시쯤 궁금한 마음에 냉장고를 들여다보니 돼지바가 있었다. 내가 유일하게 먹는 아이스크림이다. 돼지바 홍보대사도 아니면서, 나는 홍얼홍얼 노래를 부르며 돼지바 포장지를 벗겼다. 회사 나오니 좋은 일투성이였다. 사람들과 이야기도 하고 점심도 먹고, 커피도 마시고, 아이스크림도 먹고.

회사의 풍경은 어느 때와는 많이 달랐다. 듬성듬성 빈 자리들, 여기저기 들려오는 안타까운 주변의 소식들. 나는 운 좋게 휴직 중에 출근도 하고 있지만 이 상태가 언제까지 계속될지는 나조차도 확신할 수 없다. 누구나 그렇듯이, 미래는 알 수 없고 어떤 일이 벌어질지 모르는 일이니까.

하루를 살아도 열심히 살고 고마운 마음으로 사는 것이 중요한 시기다. 예전에도 나는 회사 가는 게 즐거웠지만, 지금은 고맙고 미안한 마음이 더 크다. 퇴근 후 집에 돌아오는 길에 생각했다. 지하철도, 버스도, 퇴근하는 사람들로 어서 꽉꽉 미어터졌으면 좋겠다고. 그때는 아무리 만원 버스에 만원 지하철이어도 감사히 타겠다고. 매 순간, 그리 하겠다고.

나만의 긍정 에너지 만들기

No는 천천히 해도 된다

"예, 알겠습니다! 할 수 있습니다."

보통 군대에서 많이 들어본 말일 것이다. 내가 회사에서 가장 많이 하는 말이다. 물론 100퍼센트 이렇게 대답을 하는 건 아니지만, 거의 80퍼센트 이상은 이렇게 말한다. 어떤 이들은 '너무 예스맨 아니야?'라고 생각할지도 모른다. 그러나 한번 생각해보자. 조직에서 어떤 일이 주어졌을 때 알겠다고, 할 수 있다고 나 스스로에게 대답한 후에 해보고, 안 되면 안 된다고 보고해도 늦지 않는다.

오죽하면 예전 〈무한도전〉에서 유재석이 '말하는 대로(말하는 대로, 생각한 대로, 할 수 있다고 알게 된 순간 고개를 끄덕였지)'라는 노래를 작사해서 불렀겠는가? 20년간 직장 생활을 해본 결과 부정적인 답을 먼저 하는 것보다는 긍정적인 답을 하고, 해보고 안 되면 그때 보고해도 늦지 않다. 사실 입장 바꿔 내가 회사 또는 사업체를 운영한다고 생각해보라. 해보겠다고 하는 직원과, 그건 이래서 안 되고 저래서 안 된다고 이야기하는 직원 중에 누구를 더 신뢰하겠는가?

물론 현실적으로 말도 안 되는 건 안 된다고 이야기해야 한다. 하지만 조금만 달리 생각해보면, 회사 생활을 하면서 현실적으로 안 되는 일은 그렇게 많지 않다는 것을 알게 된다. 기계적으로 답이 딱 나오는, 시스템으로 정답이 있는 일 말고는 정말 안 되는 일은 없었던 것 같다. 조금 불가능해 보이는 일일지라도 해보겠다고 이 부서, 저 부서 확인하면서 뛰어다니다 보면 할 수 있는 방향이 잡힌다. 어쨌든 회사는 성과가 필요하고, 성과를 내는 직원이 필요하니 말이다.

파트너사들과 함께 업무를 할 때도 마찬가지다. 나는 파트너사들로부터 요청이 들어오면 절대 먼저 거절하지 않는다. 일단 알겠다고 하고 나중에 상황을 설명하고 대안을 주어도 늦지 않기 때문이다. 요청하는 사람의 입장을 생각해보면 답은 훨씬 더 명확해진다. 어렵지 않으면 굳이 요청을 왜 하겠는가? 그렇게 다 되는 일만 있으면 회사든 파트너사든 나라는 사람이 왜 필요하겠는가?

어떤 일에서든 예스(YES)라고 대답하는 순간 긍정적인 마음이 생긴다. No는 천천히, 될 수 있는 대로 뒤로 미루는 게 좋다.

"차장님이 있어 걱정도 안 했어요"

하늘이 무너져도 솟아날 구멍이 있다고 한다. 나는 때때로 너무 열정이 넘쳐서 과하게 일을 진행할 때가 있다. 한번은 파트너사에 업무 관련 내용을 전달하지 못한 적이 있다. 안 되려면 삼박자가 다 맞지 않는 날이 있다.

중요 공지 메일을 보냈다고 생각했는데 메일이 차서 발송이 안 되었던 것이다. 회식이라 메일 최종 발송 확인을 하지 못하고 퇴근을 했다. 다음 날 일은 벌어졌고, 대안이 좀처럼 나오지 않았다. 관련 부서에 확인해봐도 불가능하다는 회신만 돌아왔다. 나를 향한 파트너사의 무한 신뢰가 깨지는 순간인가? 밥맛도 없고 잠도 안 왔다. 정말 미안하다, 안 된다고 이야기할 수도 있었지만 그러기엔 자존심이 허락하지 않았다.

몇 날 며칠을 전전긍긍하며 대안을 확인하던 나의 모습을 보고 선배님이 인맥을 총동원해서 불가능하다고 생각했던 대안을 찾아주었다.

'정말이지, 세상은 아직은 살 만하구나!'

내가 그때 그대로 포기했더라면, 안된다고 통보했더라면, 나의 이미지, 회사의 이미지가 어떻게 되었을까. 나는 내내 파트너사에 미안한 마음을 가지고 근무했을 것이다. 파트너사의 팀장과 통화를 해서 상황을 설명하고 대안을 이야기하자 그분은 이렇게 말했다.

"차장님이 해결해주실 거라고 믿고 걱정도 안 했어요."

가슴이 철렁 내려앉았다. 나를 이렇게 믿고 있는데 내가 안 된다고 이야기했다면 어떻게 되었을까? 여기서 얻은 또 하나의 결론은 '포기하지 않으면 길은 열린다'는 것이다. '안 되면 말지'가 아니라 '안 되면 되게' 하라. 내가 후배들에게 항상 하는 말이 있다.

"자기 사업이라고 생각해봐. 그렇게 마음먹으면 아마 포기한다는 말, 그리 쉽게 안 나올걸?"

친절과 감사도 내가 먼저

업무 특성상 사람을 만나거나 행사를 진행할 일도 많기 때문에 회사 근처 식당들을 자주 이용하는 편이다. 내가 식당을 선정하는 기준은 딱 두 가지다. '친절할 것 , 합리적일 것!' 대신 나도 식당을 이용하면서 두 가지 원칙을 지키는데 '먼저 친절할 것, 먼저 감사의 표현을 할 것'이다.

서울 중심부인 시청 근처에서 식당을 운영할 정도면 음식 수준은 크게 차이 나지 않는다. 내가 얼마나 이 식당에서 기분 좋게 식사를 하고 만족하면서 나오느냐가 기준인 셈이다. 한번 마음에 드는 식당이 있으면 꾸준히 이용하는데, 그러면서 식당 사장님, 직원과 신뢰가 쌓인다. 사무실이 밀집되어 있는 서울 시청 근처 시내 한복판에 있는 식당들이기 때문에 임박한 예약이라든지 룸 요청이라든지 술을 가지고 간다든지 하는 일들은 당일 하기가 어렵다. 하지만 나는 지금도 전화를 하면 바로 룸을 내주고 술을 가지고 가도 코키지 차지(Cokage Charge)를 받지 않는다. 서울 시내 한복판에 친인척이 운영하는 식당도 아닌데 가능하냐고? 가능하다.

지금 휴직 기간에도 회사 근처 식당 예약이 필요하면 나한테 종종 연락이 온다. 그러면서 직원들은 "요식업협회 회장이세요?"라고 물어보곤 한다. 비법은 정말 간단한 이치에 있다. 신뢰 관계가 쌓이면 되는 일들인데, 그 시작점은 작은 친절과 관심이다. 각 기업체에서 왜 포인트 제도를 운영하고 마일리지 제도를 운영하겠는가? 회사에 대한 로열티를 높이기 위해서다. 세상의 모든 일에는 원인과 결과가 있다. 식당에 가면 최소한 먼저 인사하자! 인사는 가장 좋은 관계의 시작이다.

감사 일기와 감사 일지로 행복해지는 법

일기는 아날로그

휴직을 하면서 내가 당장 계획했던 것 중 하나는 일기 쓰기였다. 회사 다닐 때는 문서와 내내 씨름을 해야 하고 글로 여러 가지 작업을 해야 하기 때문에 일기 쓸 생각을 해본 적이 없다. 초등학교 방학 숙제 이후 한 번도 안 썼던 일기를, 34년 만에 다시 쓰기로 마음먹은 데는 나름의 이유가 있다.

나는 SNS나 블로그도 즐겨 하지 않기 때문에 나에 관한 기록이라야 핸드폰의 스케줄과 사진들 그리고 내 기억 속 파편들뿐이다. 여행 사진조차 앨범으로 만들어 간직하는, 지독한 아날로그형 인간이다. 회사를 다니면 대부분 고정적인 스케줄로 움직이기 때문에 특별한 일이 없다. 회사 이메일이나 스케줄을 보면 나의 행적을 고스란히 알 수 있다. 휴업 중에는 회사 계정 이메일을 사용할 수 없으니, 무의미한 휴직 기간을 보내지 않으려면 어딘가에 기록을 해야 했다.

그 결심을 하고 바로 근처 문구점에 가서 두 권의 다이어리와 스티커를 구입했다. 하나는 주간 단위 일자만 있는 것, 하나는 아무것도 없이 줄만 쳐져 있는 가죽 스타일의 다이어리. 주간 단위에는 그날그날의 스케줄과 해야 할 일들만 간단하게 적고, 다른 하나에는 내가 하고 싶은 것, 나의 다짐들, 감사한 일들, 개선해야 할 일들을 적기로 했다. 잘 나오는 색색의 볼펜 세 자루를 책상 앞에 두고 '다꾸(다이어리 꾸미기)'도 살짝 가미했다. 오랜만에 하니 다이어리를 꾸미면서 쓰는 재미가 쏠쏠했다. 그래서 더 열심히 쓸 수 있었던 것 같기도 하다.

매일 아침 나의 일정과 그날의 다짐들, 감사한 일들을 적어 나가면서 무언가 특별해지는 느낌을 받기 시작했다. 처음엔 별로 쓸 말이 없더니 사소한 것까지 감사한 일들이 많아졌다. 고구마말랭이를 주문했는데 너무 맛있어서 감사하고, 잃어버린 줄 알았던 손수건이 다시 돌아와서 감사하고 등등. 정말 일상이라고 생각했던 일들을 감사하게 받아들이니 기분 좋은 일들만 생겼다. 손으로 써 내려가는 느낌도 너무 좋았다. 역시 일기는 아날로그 형식이 최고다.

갑자기 터진 눈물

일기에 적는 내용은 앞으로 하고 싶은 일들과 현재 개선해야 할 일들이 대부분이다. 그중 내가 집중하는 '항목'은 '가족에게 더욱 잘하자'라는 것이다. 어느 날 세부 실천 사항을 적으면서 '부모님 자주 뵙고, 전화 자주 하고……' 이렇게 써 내려가다가 갑자기 울음이 터졌다.

젊은 시절 자식들 키우느라 밤낮 없이 일하고, 나이가 든 지금은 이제 마땅히 찾아갈 곳도, 찾아주는 곳도 없는 생활. 자식들은 저마다 제 살 길로 바쁘고 간간이 해오던 바깥 활동도 코로나19로 막혀 집 안에서만 생활하고 계신 것을 생각하니 갑자기 눈물이 났다. 글로 써 내려가다 보니 나도 모르게 너무 죄송했다. 한번 눈물이 터지니 멈추지 않고 대성통곡을 하게 되었다. 그동안 챙기지 못했던 나 자신에 대한 원망이었으리라.

그동안 나는 나름 괜찮은 며느리며 딸이라고 생각했다. 일기를 쓰기 전까지는 생각하지 못했다. 그냥 평소 하던 대로 생활하고 있었으니 알 리가 없었다. 무언가를 적는다는 것은, 나 자신을 객관적으로 조망할 수 있는 기회를 준다. 멀리서 나를 바라보니, 나름 괜찮은 자식이라고 착각하며 살았던 나 자신이 보였다. 내 자만심이 부끄러웠고 죄송했다.

휴직은 매우 힘들고 고단한 일이다. 매일 아침 바쁘게 어딘가로 출근했던 일상이 무너지고, 나는 한순간에 '남아도는' 시간 속에 놓이게 되었다. 그러나 그 시간을 헛되이 보내지 않기 위한 방법은 의외로 많다는 사실을 알게 되었다. 감사 일기를 쓰고, 주변을 돌아보고, 또 나를 바로 세우는 작고 사소한 실천을 하는 것이, 내게는 휴직의 터널을 벗어날 수 있는 소중한 기회였던 셈이다.

내 머릿속 지우개

살다 보면 좋은 일은 금세 잊어버리는가 하면, 나쁜 일은 끝끝내 살아남는다는 사실을 깨달을 때가 많다. 우리 뇌가 '부정 편향'이 있어서이기도 하고, 나쁜 기억이 훨씬 더 큰 충격을 주기 때문이리라.

그러다 어느 날 생각했다.

'이렇게 감사할 일을 잊고 산다면 억울한 인생만 남게 되지 않을까?'

그 길로 나는 '감사 일기와 더불어 감사 일지'도 쓰기를 결심했다. 맨 먼저 감사 일지를 쓰는 시간을 정했다. 아침 5시, '다.양.한.나.'를 한 직후로 정했다. 내용은 매일매일 감사하고 싶은 소소한 일들과 내가 더 감사하며 살아가야 할 일들을 정리하는 것으로 채웠다. 기간도 하루, 일주일, 한 달, 1년 단위로 다양하게 정했다. 숙제처럼 꼬박꼬박 채워서 하지는 않기로 했다. 감사하는 마음이 일이 되고 강제가 되면 버겁게 느껴지니까.

복잡하지 않은 심정으로 간단하게 한두 줄 메모로 감사한 마음을 적기 시작하자 하루가 달라졌고 일주일, 한 달이 달라졌다. 이렇게 1년이 지나면 얼마나 더 달라질까? 고맙고 긍정적인 마음가짐을 먹는다는 것은 거창하지 않은 일에서 시작된다. 그리고 기록하지 않으면 잊어버린다. 우리 머릿속엔 지우개가 있으니까.

돌려보면 고마운 일투성이 – 감사 일지 루틴

- 하루 감사 : 아침에 일어나서 한 번, 저녁에 자기 전에 한 번 그날 있었던 일 중에서 감사한 일을 골라 인사한다.
  - 아침 : 아침 명상을 하며 소소한 일상에 감사한다. 한 번에 일어나게 해준 알람시계에 감사하고, 옆자리에서 평온하게 잠든 신랑에게 감사한다.
  - 저녁 : 자기 전 하루를 돌아보며 감사한 일을 찾아 고마운 마음을 전한다. 문 앞까지 물건을 가져다준 택배 기사님, 현관에서 웃으며 인사해준 옆집 이웃에게 감사한다.
- 일주일 감사 : 매주 월요일 아침, 지난 일주일간 계획한 일들을 얼마나 실천했는지 나 자신을 돌아보고 계획대로 한 나를 칭찬하고 이를 잘 따라준 내 몸에 감사한다. 미처 이루지 못한 계획들은 다시 적으며 다음 주를 계획한다.

- 한 달 감사 : 매월 1일 아침, 한 달 단위로 실행했던 일들을 놓고 나의 노력과 성과에 대해 감사하고 다음 달을 계획한다.
- 1년 감사 : 매해 1월 1일 아침, 1년 동안 계획했던 목표를 달성했다면 이에 대한 감사를, 달성하지 못한 일에 대해서는 노력한 나에 대한 감사를 전한다. 가족에게는 든든한 지원군이 되어서 고맙다는 마음을, 주변 지인들에게는 그들이 있어 1년이 풍요롭고 행복했음을 감사한다. 그리고 지난해보다 조금이라도 더 나아질 나를 위해 구체적인 목표와 감사할 일들을 계획한다.

나만의 특별한 점심시간을 만들자

점심시간이 이렇게 난감할 줄이야

회사에 다닐 때는 늘 점심시간이 정해져 있었다. 늘 똑같은 시간에, 비슷비슷한 메뉴를 익숙한 얼굴들과 마주 앉아 먹었다. 외부 약속이 있으면 나가서 먹을 때도 있었지만, 대개는 회사 식당에서 건강한 식단으로 한 끼를 먹은 뒤 근처를 산책하거나 20분 정도 낮잠을 즐겼다. 가끔은 점심시간을 이용해 운동을 하기도 했다. 한 시간이라는 정해진 시간에 스케줄을 맞추며 지냈다.

그런데 막상 휴직을 하고 보니 정해진 점심시간이 없었다. 내가 정해서 몇 시에 식사를 할지, 무엇을 누구와 함께 어떻게 먹을지 정하면 되었다. 한 끼 정도 굶어도 된다고 생각할 수도 있었지만 그래도 점심은 하루의 중심을 세우는 중요한 시간이 아닌가. 더구나 동료들과 함께했던 즐거운 점심시간을 생각하니 도저히 점심을 포기할 수 없다. 이건 아무리 휴직 기간이라도 나에 대한 예의가 아니다.

처음엔 친구나 지인들과 점심을 간간이 먹고 혼자 식당에 가서 먹기도 했다. 역시 '혼밥'은 아직 익숙하지 않았다. 혼자 두 자리를 차지하고 먹어야 하니 바쁜 시간에는 식당에 미안하기도 했다. 그렇다고 햄버거나 패스트푸드를 먹고 싶지는 않았다. 나에게 집중하며 좀 더 나은 내가 되기로 결심한 휴직 기간 아닌가? 가능하면 몸에 좋은 것으로 먹자고 다짐했는데, 점심시간이 이렇게 난감할 줄이야…….

최대한 우아하고 즐겁게 점심시간을 즐기고 싶었다. 한 시간으로 빠듯했던 정신없는 점심시간 말고 나에게 집중하며 할애할 수 있는 온전한 점심시간이 필요했다. 집에 가서 먹을까? 아니다. 집으로 가면 정리할 것들과 해야 할 일들이 보인다. 점심이 코로 들어가는지 입으로 들어가는지 알 수 없다. 눈에 안 보이면 되는데 왜 또 집은 이렇게 지저분하게 느껴지는지, 점심을 먹다 말고 일어나서 청소기를 돌리고 빨래를 하다 보면 점심시간인지 가사노동 시간인지 알 수가 없다.

다시 찾은, 나만의 완벽한 점심시간

'각자의 취향.' 이 멋진 제목은 내가 요즘 가장 자주 가는 동네 카페 이름이다.

작은 한옥 카페인데, 사람들이 북적이지 않는 뒷골목에 있다. 학원이 버스로 두세 정거장 거리에 있는데 요즘 학원까지 주로 걸어간다. 걸으면서 동네 구석구석을 둘러보는 걸 좋아한다. 안 가본 골목들 사이에 무엇이 있는지, 어떤 집들이, 어떤 건물들이 있는지 구경하는 것도 꽤 즐거운 일이다. 아파트처럼 일률적이지 않고 뭔가 조금씩 다른 주택들, 식당들 그리고 카페가 이렇게 많은 줄은 몰랐다. 동네 작은 카페들은 저마다 특색이 있었다. 그중 내가 발견한 나만의 아지트가 바로 '각자의 취향'이다. 우연히 발레 메이트들과 커피 한잔 마시러 들어갔다가 내부 인테리어에 반해, 커피 맛에 반해, 합리적인 가격에 반해 자주 이용하고 있다.

시내에 흔히 있는 대형 프랜차이즈 카페보다 훨씬 좋다. 제각각 다른 의자와 테이블, 커피 잔 속에도 고양이 모형이 들어 있어서 마실 때마다 장화 신은 고양이처럼 빼꼼 하고 얼굴을 내민다. 발레 메이트들하고 발레를 하고 각자의 취향에서 본인 취향대로 음료를 골라 마시면 센스 있는 사장님께서 빵도 곁들여준다. 그곳은 단골 카페가 되었고, 휴직 기간 책을 읽고 글을 쓸 수 있는 공간이 되었다.

발레 교습이 끝나면 점심시간이 좀 지나 있다. 특별한 약속이 없는 날이면 '각자의 취향'에 가서 사장님께 양해를 구하고 구운 달걀과 고구마처럼 냄새 나지 않는 간식을 가방에서 꺼내 커피와 함께 먹는다. 최근 사장님이 근처에 엄청 큰 프랜차이즈 카페가 생겼다고 고민을 하기에, 발레 메이트들과 이구동성으로 이렇게 말했다.

"각자의 취향을 찾는 사람들은 취향이 확실한 사람들이니 걱정 안 하셔도 될 것 같아요."

'각자의 취향'에는 주로 클래식이나 분위기 있는 재즈 음악이 흘러나오는데, 이 음악들이 집중력을 높여준다. 여기서 많은 책을 읽고 글을 쓰고 즐거운 사람들과 이야기를 하면서 나만의 점심시간을 찾았다. 돈이 많이 드는 것도 아니다. 하루에 몇천 원쯤은 나를 위한 호사를 부리는 것이 나의 휴직 기간을 채우는 하나의 방편이다. 동네에 자기만의 아지트를 만들어보자! 완벽한 혼자만의 점심시간이 될 터이니!

이렇게 좋은 걸 이제야 알게 되다니

아침 5시는 나의 머리와 마음을 비우는 시간이라면, 점심은 나의 배와 머리를 채우는 시간이다. 점심시간에는 늘 누군가와 함께했고 혼자 있어본 적이 거의 없다. 웃고, 이야기하고, 맛있는 식사를 하고, 다양한 일들을 짧은 점심시간에 하느라 항상 시간에 쫓기는 기분이었다. 그런데 지금은 온전히 나를 위한, 나를 채우는 시간이다. 음식으로 나를 채우고, 좋은 책으로 나의 머리를 채운다.

회사 다닐 때 미처 읽지 못했던 좋은 책들을 점심시간에 만난다. 대면이 줄어든 대신 책 속의 인물들과 만나는 시간이 늘어나면서, 나의 인간관계는 다른 방면에서 폭넓어지고 있다. 세상에는 훌륭한 사람들도 많고 특별한 인생을 사는 사람들, 나와는 다른 생각을 하는 사람들이 많다는 것을 책을 읽으면서 알게 되었다. 직접 만나보진 않았지만 책에서 만난 그들의 삶은 내게 많은 생각거리를 안겨준다. 가치관, 인생관 그리고 삶에 대한 태도와 타인을 향한 성품까지……. 인생에 대한 그리고 사람과의 관계에 대한 사소한 지식까지 모두 책에 들어 있다.

많은 지식들을 간접 체험하면서 나는 점심시간을 특별하게 채우는 중이다. 좋은 책들을 만나면 그 저자처럼 해보고 싶다는 계획도 세운다. 마음속에 있던 열정이 다시 꿈틀거린다. 좋다는 건 다 해보고 싶다. 마침 지금은 휴직 기간, 절호의 기회가 왔다!

취미 하나쯤은 있어야 인생이 다이내믹해진다

내 안의 흥부자 깨우기

나는 다양한 경험을 하는 것을 굉장히 좋아한다. GX도 예외가 아니다. 새로운 종목은 즐기는 편이어서 태보, 스텝 등에 도전하곤 한다. 그중에서도 제일 신나는 수업은 줌바다. 음악 자체가 굉장히 흥겹고 동작도 에어로빅하고는 다르다. 약간 그루브를 타야 한다고 할까?

운동량이 제법 많아서인지 피트니스 센터의 줌바 수업 시간에는 나이 지긋하신 어머님들이 많다. 갖춰 입는 걸 좋아하는 나는 당연히 줌바 강사들 스타일로 '풀 장착'을 하고 수업에 참여한다. 거의 피트니스 센터에서 나눠주는 운동복을 입고 있는 회원들은 튀는 내 옷차림을 보고는 위아래로 쓱 스캔한다. '저 강사 아닌 강사인 듯 강사 같은 저 여자, 뭐지?' 하는 표정들이다.

강사님 수업 전에는 모두 쭈뼛거리며 서 있거나 두런두런 이야기를 하는데 나는 음악이 나오면 일단 흥이 차오른다. 몸은 이미 움직이고 있다. 둠칫둠칫! 이런 풍의 음악이 몸을 흔들게 만든다. 슬슬 어머님들이 따라 하고, 강사님의 수업이 시작되면 그때부터는 여기가 운동하는 곳인지 남미의 한 클럽인지 알 수가 없다. 같이 음악을 느끼며 호흡을 나누고 열정을 쏟아낸 후 수업이 끝나면 다들 절친이 되어 있다. 말 한번 건네본 적 없고 처음 보는 사람들이지만 줌바라는 하나의 매개체로 손잡고 인사하는 사이가 된다.

수업이 끝나고 아쉬운 작별인사를 할 때면 꼭 이렇게 물어오는 어머님들이 있다 .

"강사유?"

그 물음에 내가 "강사 아니고 그냥 줌바 좋아하는 회원이에요" 하고 이야기하면 '강사해도 되겠구만' 하고 웃는다. 문득 '강사 자격증을 따서 직원들하고 줌바 댄스 시간을 좀 가져볼까'라는 생각이 들었다.

지친 일상, 자칫 우울한 느낌이 든다면 함께 여럿이 호흡을 맞추고 리듬을 탈 수 있는 운동을 하기를 권한다. 땀을 내면 훨씬 기분이 좋아진다. 어쩌면 잠자고 있는 흥이 절로 튀어나와 줌바 자격증에 도전하게 될지 누가 알겠는가.

우주를 한껏 느껴보자, 바닷속 구경

30대 시절, 나는 스킨스쿠버다이빙에 빠져 필리핀을 자주 찾았다. 우리나라 바다는 한류가 흘러 추위를 많이 타는 내게는 맞지 않았고, 또 체온 보호를 위해 착용해야 하는 드라이슈트가 무엇보다 고역이었다. 어떨 때는 다이빙을 하는 것보다 드라이슈트 입고 벗는 게 더 힘들 때가 많았기에 나는 스킨스쿠버다이빙을 위해 자주 해외로 투어를 가곤 했다. 7,000여 개의 섬으로 이루어진 필리핀은 내가 가장 즐겨 찾는 바다였다.

그 많은 섬 가운데 모알보알이라는 섬이 있다. 이름이 너무 귀여워 찾아봤더니 '거북이의 알'이라는 뜻이라고 한다. 그렇다면 거북이가 당연히 많은 지역이라는 의미가 아니겠는가! 그때까지는 거북이를 바닷속에서 한 번도 만나지 못해 꼭 한 번 만나 보고 싶었다.

당장 투어 장소를 모알보알로 정했다. 정말 거북이를 많이 볼 수 있을까? 거북이는 영물이기도 하고 장수의 상징이기도 하니 본다면 행운이 함께할 것 같았다. 총 5일의 여행 기간 중 이틀째 되는 날에도 거북이를 볼 수 없었다. '거북이의 섬이 아니라 거북이 알의 섬이니, 설마 거북이 알만 잔뜩 보고 가는 게 아닐까?' 하는 의심이 들기 시작했다. 마지막 날에는 다이빙을 할 수 없으니 남은 날은 달랑 이틀!

'흠…… 못 보고 가면 너무 아쉬울 것 같은데?'

이런 마음으로 3일 차 야간 다이빙을 하는데 "뜨악!" 물속에서 혼자 속으로 소리를 지르고 말았다. 거북이를 '떼'로 만난 것이다. 여기도 거북이, 저기도 거북이였다!

지금 돌이켜 생각하면 야간에 다짜고짜 바닷속으로 쳐들어가서 잠자고 있는 거북이들을 불빛으로 깨운 것이었다. 거북이들에게 미안하다. 그러나 그 당시의 순간이 잊혀지지 않는다. 거북이 등에 탄 것 같은 사진, 같이 유영하는 사진에 추억이 고스란히 남아 있다.

다이빙을 하면서 그때그때 잠수 일지(다이빙 로그북)를 쓰는데 지금도 이 로그북을 보면서 가끔 추억에 젖는다. 그 당시는 간단하게 어디를 갔고 무엇을 봤고 어떤 위험이 있었는지만 썼다. 다시 쓰게 된다면 그때 느꼈던 감정과 느낌들을 자세하게 기록하고 싶다.

혹시 기회가 된다면 스킨스쿠버다이빙은 꼭 체험해보라고 권하고 싶다. 지구의 70퍼센트가 바다로 되어 있다. 육지의 30퍼센트를 보겠다고 그렇게 여행을 다닌다. 바닷속이야말로 볼거리가 무궁무진하다. 그동안 보지 못했던, 느끼지 못했던 모든 것들을 바닷속에서 느낄 수 있다.

우주에 갈 필요도 없다. 바닷속에서 무중력을 이미 경험할 테니!

몸개그의 진수

모굴스키(Mogul Ski)는 울퉁불퉁한 인공의 경사면을 내려오면서 기량을 펼치는 종목이다. 나는 질주 본능이 있어서, 주로 정상에 올라가면 흔히 말하는 '쏘기' 전문이었다. 스키에서 '쏘기'란 위에서 아래로 내리꽂듯 스피드를 붙여 일정한 턴을 유지하며 내달리는 스킬이다. 그렇다고 위험하게 막무가내로 직진하는 건 아니다. 돈 내고 배워서 나름 즐겁고 익사이팅하게 스키를 타는 편이다.

그러던 어느 날 정상에서 쏠 준비를 하고 슬로프를 바라보고 있었는데, 슬로프 맨 끝 울퉁불퉁한 눈 구덩이들 사이에서 사람들이 올라갔다 내려갔다 하는 모습이 보였다. 가만히 살펴보니 어떤 이는 점프를 하고, 어떤 이는 넘어지고, 어떤 이는 경사진 구덩이에 들어갔다가 다시 오르기를 실패하고 옆으로 돌아서 내려오는 것이 보였다. 갑자기 궁금해졌다. 뭔데 사람들이 저렇게 많이 모여서 슬로프만 째려보고 있지?

쏘기를 멈추고 슬금슬금 그쪽으로 이동했다. '나도 내려갈 수 있을까?' 생각하며 가까이 다가갔는데 생각보다 구덩이의 골들이 깊고 많았다. 올록볼록 균일하게 이어진 눈 구덩이들이 마치

30구 달걀판 같았다. 일반적으로 타는 것과는 방법 자체가 다르겠다고 직감했다.

그날은 바로 내려오지 않고 강습을 해주는 곳을 찾아서 처음 모글 안으로 들어갔는데, 이것이 몸개그의 시작이었다. 안에 들어가서 넘어지면 골이 깊어서 일어나기도 힘들다. 내려오는 내내 계속 반복하고 또 반복했다. 스키가 X 자로 넘어졌다가, V 자로 넘어졌다가 온갖 방법으로 몸개그를 했다. 오기가 생겼다. 점프는 아니더라도 안 넘어지고 내려가보고 싶었다. 이날 나의 질주 본능은 잠시 휴가를 보내기로 결심했다.

이후에 계속 넘어져도 모글에 들어갔다. 그러다 보니 조금씩 내려갈 수 있게 되었고, 빠르지는 않지만 슬슬 내려갈 수 있게 되었다. 이때 '낮은 곳에서 점프를 한번 해볼까?' 하는 생각이 들면서 무작정 뛰었는데, 그 순간 겁이 나서 몸이 뒤로 빠지면서 뒤로 발랑 넘어졌다. 다행히 헬멧을 쓰고 있어서 크게 다치진 않았는데 지금 생각하면 너무 무모했다. 젊었으니 그랬으리라 생각한다.

그 이후 스킨스쿠버에 빠지면서 우선순위가 바뀌다 보니 스키를 한참 못 탔다. 몸개그의 진수만 보여주다 멈춘 모글스키의 추억이지만 다시 도전해보고 싶긴 하다. 아직 집에 모글스키를 포함해서 스키 4대가 그대로 있으니 언제라도 고(GO) 하면 된다. 그 당시 같이 모글스키를 타던 초등학생 여자아이랑 제법 친하게 지냈는데, 지금 보니 국가대표가 되어 있었다. 역시 조기 교육이 중요하다고 다시 한 번 느낀 순간이다.

다 함께 탁탁구?

탁구는 내겐 정말 애증의 스포츠다. 우리 세대는 탁구장이 곳곳에 많아서 간간히 치러 가기도 했고, 또 나름 인기도 있었다. 지금은 탁구장을 거의 볼 수 없어서 아쉽다. 국내 호텔이나 리조트에도 탁구대 있는 곳을 못 봤다. 반면 해외 휴양지 리조트에 가면 탁구대와 당구대는 항상 있기 때문에 재미삼아 신랑하고 치곤 했다. 딱밤 맞기 같은 소소한 내기를 하며 말이다.

우리 회사에는 탁구단이 있는데 항상 좋은 성적을 내는 우수한 선수들도 많고 재능 기부도 많이 한다. 그래서인지 사내에 탁구 동호회가 많이 활성화되어 있다. 회사 차원에서 전 직원 대상 전체 탁구 대회를 가끔 개최하는데, 본부 단위로 선수 선발을 해서 예선을 거치고 본선, 결선까지 진출하는 토너먼트 방식이다.

우리 본부에서도 선수 선발을 해야 했다. 문제는 여자 선수가 무조건 한 명 들어가야 한다는 것이다. 아무도 나서는 직원이 없었다. 그렇다면 BR이지! 탁구왕이 되어보리라!

부푼 꿈을 안고 탁구 연습을 시작했다. 탁구를 잘 치는 부장님이 계셔서 아침 출근 전에 따로 강습을 받기로 했다. 연습만이 살 길이다. 남자 선수들은 다들 실력이 뛰어났다. 나도! 기대에 부응하고자 열심히 배웠다.

이윽고 예선 일자가 다가왔다. 그동안 연습했던 멤버들과 파이팅을 외치며 예선을 치르는데, 나의 예상은 완전히 빗나갔다. 우리 본부 남자 선수들이 제일 잘 치는 줄 알았는데, 다른 본부 선수들은 전용 라켓, 단체복, 신발까지 전문 선수 수준이었다. 레벨이 달랐다.

그래도 일단 최선을 다하기로 마음을 다잡았다. 우리 남자 선수들은 충격적이게도 전패를 했다. 그 와중에 내가 1승! 아무래도 여자 선수층은 얇다 보니 운으로 한 번 이긴 것이다.

다음번에 탁구 대회를 또 나가게 된다면 나는 탁구왕으로 거듭나고 싶다. 코로나19로 탁구 대회를 언제 또 할지 알 수 없으나 또 하게 되면 꼭 출전하겠다. 다 함께 모여서 땀 흘리는 즐거움을 나는 알고 있다.

어느 동네에나 있는 날다람쥐

어느 동네 어느 뒷산에나 꼭 몇 명씩은 있는 것이 동네 날다람쥐다. 우리 동네 날다람쥐는 당연 나다.

산에 올라가는 일은 매우 기분 좋은 일이다. 꼭 높은 산이 아니더라도 둘레길, 산책길이 잘되어 있어서 서울 시내에서도 얼마든지 등산 기분을 느낄 수 있다. 우리 사무실에도 전문 등산가 포스를 내는 분들이 제법 있다.

나는 전문 등산가는 아니지만 그냥 동네 산을 올라가는 걸 좋아한다. 올라갈 때는 운동을 한다는 기분으로 조금 빠르게, 내려올 때는 자연을 느끼면서 내려온다. 예전에는 회사에서 한 번씩 봄이나 가을에 전 직원이 등산을 했다. 지금도 가끔 그때 사진들을 꺼내보는데, 이때는 내가 이런 모습이었구나, 이분이랑 같이 근무를 했구나, 산이 이렇게 좋았구나 하며 혼자 웃곤 한다.

요즘은 분위기가 많이 바뀌어서 비단 코로나19가 아니라도 단체 행사가 별로 없다. 다 같이 얼굴 보고 땀 흘리고 식사할 기회가 없어서 많이 아쉽다. 역시 나는 옛날 사람인가? 예전에 회사에서 갔던 북한산에서 바위를 통통 뛰어 올라가는 나를 보고 서소문 날다람쥐라고 별명을 붙여준 분이 있었다. 최근에는 산에 혼자 다니기 시작했는데, 보통 칼바위로 많이 올라간다.

그런데 놀라운 점은 정말 축지법을 쓰는 것처럼 가볍게 다니는 분들이 너무 많다는 것이다. 갑자기, 홀연히, 샤사삭 하고 사라진다. 그럴 때면 '역시 산에는 날다람쥐가 많아' 하고는 혼자 웃곤 한다. 등산은 매우 좋은 운동이다. 우선 돈이 전혀 들지 않는다. 그저 내 몸 하나만 있으면 된다. 산이 힘들다면 근처 둘레길부터 걸으면 된다. '내가 저 산을 올라갈 수 있을까?' 하고 밑에서 고민하던 순간들이 있다. 그래도 한발 한발 포기하지 않고 올라가다 보면 어느 순간 목적지는 나오고 상쾌한 바람이 나를 반긴다. 온 세상이 내 발아래 있는 순간이다.

인생의 모든 순간들과 등산은 참 비슷한 점이 많다. 오르막길과 내리막길이 있고, 정상에 올라갔을 때는 희열을 주고 힘들어 쉴 때는 또 숨을 가다듬게 만든다. 등산에는 희로애락이 다 담겨있는 것 같다. 돈도 안 들고 건강에도 좋은 등산. 이번 기회에 다 같이 자기 동네 날다람쥐가 되어보는 건 어떨까?

미싱의
희열과 나눔

열혈강호에만 고수가 있는 게 아니다

내가 근무하는 회사는 대기업군에 속하기 때문에 고용노동부에서 지원하는 '국민내일배움카드' 지원 대상이 아니다. 코로나19 이후 회사가 휴업 결정을 하면서 딱 6개월간 '국민내일배움카드' 지원 대상이 되었는데, 나는 휴직에 들어가자마자 바로 신청했다. 과정 신청하는 사이트에 들어가보고 너무나 놀랐는데, 정말 다양한 과정들을 수강할 수 있었다. 시간만 있으면 여러 과정을 들어보고 싶었다. 하지만 내가 지금 집중하는 일들이 따로 있고 언제 회사에 출근할지도 모르니 토요일 하루 종일 하는 '의상 만들기' 과정에 신청했다. 내 옷은 내가 만들어 입고 싶다는 막연한 희망이 항상 마음 한구석에 자리 잡고 있었기 때문이다.

'의상 만들기' 과정은 개인이 신청하려면 제법 비싼 금액을 내고 들어야 하는 수업인데 '국민내일배움카드'로 하니 거의 무료나 다름없었다. 대상이 된다면 주저 말고 발급받고 수업을 들으라 강력히 권한다. 배워서 남 안 준다. 피가 되고 살이 된다.

처음 의상 학원을 방문했을 때는 시설이 좀 낙후된 건 아닐까 하는 생각에 실망했다. 그런데 수업을 듣다 보니 우리를 가르쳐 주는 스승님이 연세는 좀 있었지만 보통 분이 아니었다. 패턴이나 의상 관련 책도 여러 권 펴낸 실력파였던 것이다.

아니나 다를까, 수업을 들을수록 '보통 분'이 아니라는 생각이 들었다. 무협지에 나오는 숨은 고수라고 할까? 위급한 순간에 갑자기 짠 하고 나타나서 강호를 평정하는.

'고수의 제자가 되고 싶다. 남은 휴직 기간 동안에 절실히!'

나는 의상 만들기를 배워야겠다고 그 자리에서 다짐했다. 내가 듣는 의상 만들기 수업은 워낙 대기도 있고 사람도 많은 수업인데 이번 차수는 코로나19로 나 포함 딱 네 명이었다. 내가 좋아하는 소수 정예! 다들 이력도 다양하고 젊지만 미래에 대한 주관도 뚜렷한 너무 예쁜 친구들이다. 또 다른 좋은 인연들을 만나서 너무 기뻤다. 난 왜 이렇게 인복이 많지? 처음 지루할 것이라는 편견은 첫 시간 잠시였을 뿐 토요일이 너무 기다려졌다.

그러면서 또 하나 느낀 것은 역시 겉만 보고 판단하는 어리석

음은 아직 나아지지 않았다는 것이다. 수련을 할수록 좋아졌다고 생각했는데 역시 마음 수련에는 끝이 없는 것 같다.

만화《열혈강호》126화까지 재미있게 보다가 완결이 나지 않아 더 이상 보지 않았다. 지금 589화 연재 중이고《열혈강호》는 아직 진행 중이다. 그 의미는 무엇이겠는가? 강호에 숨은 고수가 그만큼 많다는 뜻 아닐까?

미싱이 바운스 바운스

이곳의 장점은 나의 치수로 옷을 만든다는 것이다. 물론 책에 나와 있는 사이즈로 만들 수도 있으나 이왕이면 다홍치마 아닌가? 내가 만들어서 내가 입을 수 있으면 얼마나 좋을까. 번져나는 미소를 참을 수가 없었다.

먼저 치수를 재고 나서 패턴을 그리는 과정이 제일 힘들다. 그다음은 패턴을 가지고 재단을 해서 미싱으로 작업을 한다. 나 빼고 세 명은 의상 관련 일을 하고 있거나 다른 과정을 들었기 때문에 다들 미싱에 익숙해 보였다. 학원에는 공업용 미싱이 있는데, 옷감을 넣고 페달을 밟을 때마다 드르륵 하고 빨리 바느질이 되어서 나도 모르게 으악 하고 소리를 질러댔다. 익숙하지 않았다. 잘못 박으면 다 뜯고 새로 작업해야 한다. 생각보다 직진으로 박기도 쉽지가 않고, 옷을 만들려면 곡선, 사선 등 고난위 작업 기술이 필요해서 하면 할수록 어렵다.

같은 반 동기들은 집에 제법 좋은 미싱이 있다고 한다. 나는 미싱이 없어서 스승님께 여쭤보니 계속할 거면 공업용을 사는 게 좋고, 가정용 미싱은 사양이 비슷하니 굳이 권하지는 않는다고 했다.

지름신을 소환하기 전에 다시 한 번 집 안을 둘러봤다. 우리 집에 공업용 미싱까지 들여놓을 수는 없다는 판단이 들면서 잠시 가출한 이성을 복귀시켰다. 집이 좁지는 않았지만 나름 다 용도가 있다. 안방은 자는 방, 작은 방은 옷 방, 서재는 피규어들의 쉼터이자 '다.양.한.나.'를 실시하는 공간이다. 아무리 생각해도 미싱이 들어올 자리가 없었다. 아침 시간이 여유가 있으니 일단 학원에 최대한 일찍 와서 연습을 하기로 결심했다.

그 다음 주부터 30~40분 전에 와서 연습하기 시작했다. 미싱이 손발에 익숙해지기 시작하자 신기하게도 리듬을 타기 시작했다. 예전에 알래스카에 간 적이 있었다. 그 당시 헬기 투어를 하면서 헬기가 이륙할 때 나는 두두두 소리에 심쿵했는데 미싱에서 그때 그 소리가 난다. 내가 어떤 속도로 어떻게 움직이느냐에 따라 미싱 울림 소리가 조금씩 달라지는데 약간 심장을 바운스 바운스 하게 하는 소리다. 초집중이 된다. 나는 미싱의 희열을 알아버렸다.

'메이드 바이 BR'로 주변에 선물하는 기쁨

미싱이 웬만큼 익숙해지면서 속도가 붙기 시작했다. 이제 간단한 티 매트, 파우치 정도는 만들 수 있다. 항상 돈 주고 사던 소모품들을 이제 원하는 원단과 사이즈로 만든다. 재단해서 드르륵 박기만 하면 완성! 바짓단 줄이기 정도는 할 수 있을 것 같다. 수업 시간에 의상 만들기 말고 티 매트에 빠졌는데, 색감이 다양하면서 여름에 필요하고 선물하기도 너무 좋은 아이템이다. 가족들과 회사 동료들, 친한 이들에게 주고 싶어서 한두 개씩 만들기 시작했다. 티 매트는 직선으로 여러 번 박기만 하면 되니 더 신이 났다.

처음에는 천으로 만들다가 이제 라벨을 붙이기 시작했다. 라벨을 붙이고 보니 나만의 라벨이 갖고 싶어졌다. 지금은 'Made by BR'이라는 라벨을 꽤 많이 만들어서 내가 만든 소소한 소품에는 붙일 예정이다. 어디에도 없는 나만의 아이템이고 나만의 선물이다. 최근에 지인 생일 모임에서 이 티 매트를 두 개씩 예쁘게 포장해서 나눠줬다. 반응이 폭발적이다. 다들 진심으로 기뻐하고 좋아했다. 팍팍하고 무미건조한 일상에 작은 티 매트 하나로 소소한 기쁨을 줄 수 있어서 행복하다.

버킷 리스트는 10년 주기가 어떨까

마이 베스트 리스트

낮에 갑자기 비가 내렸다. 소나기처럼 쏴 하는 빗소리가 너무 좋았다. 갑자기 소맥을 한잔 마시고 싶다는 생각이 들었지만 혼자 마시기에는 너무 과한 것 같아 맥주를 하나 집어 들었다. 동네에 배추전을 맛있게 하는 집에 있어 빗속을 뚫고 포장해 와 빗소리를 친구 삼아 맥주를 마시기 시작했다. 별것 아닌 소소한 일상이 너무 행복하게 느껴졌다. 나는 이 배추전을 5일이나 먹었다. 사장님께 배추전을 5일째 먹고 있다고 말씀드렸더니 큰 소리로 호탕하게 웃으신다.

버킷 리스트도 그런 것 같다. 별것 아닌 소박한 일인데, 갑자기 하고 싶은 일들이야말로 인생에서 꼭 한번 해보고 싶은 일들이 아닐까? 맥주를 마시며 남은 인생에서 하고 싶은 일은 무엇일까를 떠올리며 리스트를 적어봤다. 100세 시대, 아직 인생의 반밖에 안 살았으니 하고 싶은 일도 많다. 하지만 오는 데는 순서가 있지만 갈 때는 순서가 없는 것이 또 인생이니, 후회하지 않으려면 우선순위를 정해서 하나씩 해야겠다. 나는 버킷 리스트를 10년 주기로 짰다. 너무 자주 할 수도 없을 것 같고, 또 10년이라는 세월이 주는 무게감을 남다르게 기념하고 싶기 때문이다. 리스트는 각자의 개성대로 마음에 맞게 짜면 된다. 항상 열정 넘치는 나를 그리고 당신을 응원한다!

40대, 창창한 만큼 리스트도 꽉 차게

40대인 지금 나는 꼭 하고 싶었던 책 출간을 준비 중이다. 토슈즈 신고 발레 콩쿠르에 나갈 준비도 열심히 하고 있다. 발레는 생각보다 고급 스포츠가 아니고 생활 스포츠임을 많은 사람들에게 알리고 싶다. 그리고 코로나19가 좀 잠잠해지면 무료 요가 클래스도 오픈하고, 내가 좋아하는 줌바 강사에도 도전할 예정이다. 양가 부모님들이 더 연세 드시기 전에 장거리 여행도 하고 싶고, 요가 수련을 하러 발리에도 가고 싶다. 그리고 친한 발레 메이트들과 함께 발레의 본고장인 러시아 상트페테르부르크

나 프랑스 파리로 원정 발레를 가보고 싶다. 영상으로만 보던 장소에서 발레를 함께 하고 공연을 보고 윈도쇼핑을 하는 기쁨은 이루 말할 수 없을 것 같다.

나는 지금도 어느 지역 어느 학원 수업이 좋다더라, 새로 생긴 학원 인테리어가 예술이라더라 하는 소리가 들리면 발레 메이트들하고 원정 발레를 가곤 한다. 보통 원정 발레는 1~2회로 끝나는데, 한번은 수업이 너무 마음에 들어 10회를 덜컥 끊어버렸다. 꽤 먼 거리라서 1~2주일에 한 번 정도 방문하는데 갈 때마다 '정말 잘 왔다'고 생각한다. 발레 선생님들이 원래 열정적인 건지 내가 다니는 발레 학원의 선생님들이 유독 열정적인지는 알 수 없다. 일정표에는 90분 수업으로 되어 있으나 두 시간, 두 시간 반이 되어도 안 끝난다. 끝나고도 스트레칭을 또 한다.

혼자 방문했을 때 90분 수업이 끝나고 "정규 시간 끝났으니 가실 분들은 가셔도 됩니다"라고 해서 나오려고 했는데 아무도 움직이질 않는다. 나도 나름 눈치가 있으니 나가려다 다시 들어와 서 있는데 그때부터 센터 워크의 시작이다(발레는 크게 바를 잡고 하는 바 워크와 바 없이 무대 중앙에서 하는 센터 워크로 나뉜다. 센터는 바 없이 진행되므로 본격적인 발레 동작을 맛볼 수 있다). 눈치 없이 혼자 갔으면 그 아름다운 아다지오 동작들을 못해보고 올 뻔했다.

50대에는 하고 싶은 일들이 더 많다. 40대 이후로, 나는 10년마다 한 권씩 책을 출간하기로 마음먹었다. 나의 지난날들을 돌아보며 앞으로 남은 날들에 대한 기록을 하면 좋을 것 같다. 50대가 되면 두 번째 책을 쓰고 계속 계획만 해왔던 스카이다이빙을 하고 싶다.

그 가운데 제일 하고 싶은 것은 할리데이비슨을 구입해서 가죽바지를 입고 경춘가도를 달리는 일이다. 신랑이 안전 제일주의자라 반대가 심해서 버킷 리스트로만 끝날 가능성이 농후하지만, 지금부터 조금씩 설득해나갈 생각이다. 어릴 때 영화 〈비트〉를 보며 꾸었던, 나름대로 오래 묵은 나의 버킷 리스트다. 자유롭게 양팔을 벌려 바이크 위에서 스피드와 바람을 즐기던 20대의 정우성이 정말 멋있었다. 가죽 바지를 입고 할리데이비슨을 타는 50대의 나도 나름 기대가 된다.

2020년은 코로나19가 세상을 가둔 한 해로 기록될 것이다. 그리고 더불어 나의 50대 버킷 리스트에 한 가지가 더 추가된 해로 기억될 것이다. 2020년 여름을 기점으로 사회적 거리두기가 2.5단계로 다시 격상되면서 발레 학원들이 모두 문을 닫고 말았다.

발레 연습을 할 장소가 없었던 나는 공간 대여 사이트에서 사진과 설명을 꼼꼼히 살펴보고 연습실을 대여했다. 그런데 실제 장소에 가보니 사진과 달라도 너무 달랐다. 시설도 시설이지만 토슈즈를 신을 수가 없었다(너무 더럽기도 하고, 고무 바닥도 아니었다). 두 군데 다 그래서 대충 몸만 풀고 나왔다. 시간을 들여 연습실을 고르고 골라 예약하고 방문했는데…… 실망감을 넘어 절망감마저 들었다.

이럴 바에는 차라리 집에서 발레 바를 잡고 하는 게 낫겠다는 생각이 들었다. 그때 결심했다. 나만의 스튜디오를 갖겠다고! 좋은 사람들과 발레도 하고 요가도 할 수 있는 나만의 스튜디오를 오픈하겠다. 나만의 스튜디오에서 더 좋은 추억들과 행복한 기억들을 만들리라.

50대의 마지막을 장식할 버킷 리스트는 에콰도르 갈라파고스에 가서 8일짜리 리브어보드를 타는 것이다. 50대에는 시간적으로도, 경제적으로도 자유로울 테니 가능하리라. 가는 데만 3일 걸리는 데다 8일 내내 다이빙만 해야 하고 돈도 많이 들겠지만, 전 세계 다이버들의 꿈 아닌가! 이것도 신랑의 반대에 부딪힐 가능성이 높지만 지금부터 좋은 바닷속을 신랑과 자주 다니면서 같이 갈라파고스 리브어보드를 꿈꾸자고 설득할 생각이다. 그곳에서 바다사자와 망치상어와 같이 유영하는 행복감을 느껴보고 싶다.

예순의 발레리나

요즘 60은 청춘이다. 옛날에야 할머니 나이로 치부되었지만 지금은 다르다. 2016년 유엔(UN)은 새로운 연령 기준에 따라 18~65세를 청년으로 분류했다. 60대의 나는 세 번째 책을 출간하고 지금과 같은 신체를 유지할 것이다. 여기에 우아하게 나이 들도록 행동과 말에 책임질 수 있으면 한다.

60대 버킷 리스트 중 가장 원대한 꿈은 '실버 발레단' 창설이다. 발레와 요가로 심신을 계속 단련하면서 여전히 즐길 테니 친한 선생님들과 발레 메이트들과 의기투합하여 꼭 실버 발레단을 창설하고 싶다. 함께 좋은 작품을 연습하고 공연을 하며 땀을 흘리는 기쁨을 누리고 싶다. 지금 함께하는 발레 메이트들의 열정이라면 가능할 것 같다. 그때도 같이 토슈즈를 신고 〈꽃의 왈츠〉 군무를 추는 우리를 기대한다.

100세까지 청춘처럼 살다 마무리하고 싶다

70대에는 네 번째 책을 출간할 것이다. 여전히 토슈즈가 어울리도록 체력을 유지하고 싶다. 그리고 여전히 우아하게 나이 들도록 노력하며, 주변에 나눌 수 있는 것들을 더 많이 나누고 싶다. 마당이 있는 집에서 텃밭을 가꾸고, 거기서 나는 재료로 건강한 음식을 나눠 먹고 싶다. 나이 든 꼰대가 아닌 세상과 잘 어울리는 사람이고 싶다.

나이가 들수록 버킷 리스트가 짧아지는 느낌이다. 아마도 기본은 그대로라고 생각하기 때문인 것 같다. 80대에는 다섯 번째 책을 출간하고, 지나간 일들에 대해 후회하지 않도록 애쓸 것이다. 여전히 발레와 요가를 즐기며 건강을 챙기고 싶다. 세상과 소통할 수 있도록 계속 나를 발전시키고 정진을 게을리하지 않는 생활을 하고 싶다.

90대에는 여섯 번째 책을 출간하고 남은 인생을 최대한 즐겁고 우아하게 즐기고 싶다. 후회 없는 삶을 마무리하며 민폐가 되지 않는 건강함을 유지하고, 여전한 활기로 만나고 싶은 사람이 되고 싶다. 세상과 기쁘게 '안녕' 하며 '그때 그 일을 했더라면' 하는 후회 없는 삶을 살고 싶다.

100세가 되어서는 행운의 일곱 번째 책을 출간하련다. 90대와 동일하게 삶을 즐기며, 가장 중요한 나를 잃지 않도록 노력하고 싶다.

세월은 빠르고, 또 사람을 기다려주지 않는다. 나이의 제곱의 숫자만큼 빠르게 지나간다고 한다. 내가 어느덧 40대 중반이 넘었고, 나도 모르는 사이에 50대 , 60대, 70대가 되어 있을 것이다. 그때가 돼서 '이걸 좀 해볼걸, 여길 좀 가볼걸' 하며 후회하지 않도록 인생의 버킷 리스트를 미리 작성해서 조금씩 준비해나가는 것도 꽤 즐거운 경험이다.

나이가 든다는 것은 인생에 대해 책임을 질 수 있다는 의미이며, 앞으로 할 수 있는 게 더 많다는 뜻이라고 생각한다. 나이가 많아서, 체력이 약해서, 이런 말들은 다 핑계다. 체력이 약하면 조금씩 운동을 해서 체력 증진을 하면 되고, 나이가 많은 기준은 자기가 정하는 것이니 문제될 게 없다. 더 풍요롭고 즐거운 인생을 위해 하고 싶은 일들을 적어놓고 한 가지씩 조금씩 시작해보자. 함께하는 즐거운 우리의 100세 인생을 위해!

산책의 미학

돈 주고도 들을 수 없는 4종 세트

2020년 9월, 코로나19가 잠잠해지나 했는데 8월 30일부터 수도권 강화 조치가 시행되었다. 9월 13일까지 학원 및 실내 체육시설 집합 금지, 프랜차이즈 업체 포장 및 배달만 가능 등 강도 높은 사회적 거리두기 2.5단계가 시행되었다. 마스크를 쓰고도 발레나 요가를 할 수 없었다.

마땅히 동참해야 한다고 생각했고 실제로도 기꺼이 동참했지만, 마음이 괴로운 것은 어쩔 수 없었다. 매일 하던 즐거운 발레와 요가 시간들을 무엇으로 대체해야 하나? 아침에 명상을 끝내면 그 걱정부터 들었다. 그러다 문득 생각했다.

'그래! TV로 온라인 발레나 요가 강의를 함께할 수 있지! 유튜브에 넘쳐나는 콘텐츠들도 이참에 이용해봐야겠네. 게다가 아직 내가 갈 수 있는 산과 둘레길, 그리고 많은 능들이 남아 있지 않은가!'

그렇게 생각하니 더 이상 우울하지 않았다. 산을 가자니 걷기는 멀고 차를 가지고 가자니 주차가 쉽지 않겠고, 대중교통도 불편하고, 둘레길은 사람이 많을 것 같고…….

그래서 가까운 능을 가기로 했다. 사는 동네가 동네인지라 조금만 부지런을 떨면 얼마든지 자주 갈 수 있었다. 가끔 부모님이나 친구들이 놀러오면 찾곤 했던 곳인데, 고즈넉하고 관리도 잘 되어 있어 산책하기에 좋다. 동네 뒷산에서는 보기 힘든 적송도 많아 오래된 사찰에 온 느낌이다. 나지막한 산처럼 되어 있어 50분 코스로 돌 수 있는데, 큰 길로 한 번, 작은 길로 한 번 돌면 꽤 운동이 된다.

2.5단계 기간 동안 나는 혼자만의 루틴으로 운동 삼아 산책을 하기로 했다. 오랜만에 혼자 방문하니 하늘은 높고 날씨도 좋고 고즈넉해서 조용한 기분을 만끽할 수 있었다. 능 입구에 도착해 신분증을 보여주고 체온을 재고 들어갔다. 일일권을 끊어서 들어갔는데 온통 초록초록하다. 다른 세상에 들어온 것 같은 느낌이다. 가까운 곳에 이렇게 좋은 곳이 있었다니…… 혼자 감탄을 하며 걷고 있는데 예전엔 들을 수 없었던 물소리가 들렸

다. 비가 많이 와서인지 물이 제법 있었고 산책하는 내내 물소리가 계속 들려왔다. 조금 더 올라가니 매미 소리, 새소리, 바람에 나뭇잎들 움직이는 소리가 한꺼번에 들렸다. 물소리+매미 소리+새소리+나뭇잎 소리는 돈 주고도 들을 수 없는 A.S.M.R. 4종 세트였다.

평소에는 보이지 않던 것들

일행과 왔을 때는 담소를 나누거나 빠르게 걷느라 주변을 둘러볼 여유가 없었다. 그러나 혼자 와보니 이리저리 천천히 둘러보며 자연을 느낄 수 있었다. 담쟁이덩굴이 나무를 타고 올라가는 모습, 예쁜 색깔을 띤 버섯, 청솔모도 보이기 시작했다. 항상 있었을 텐데 이제야 그 모습이 보이기 시작했다.

내 마음이 달라져서일까? 온전하게 자연과 마주하니 안 보이던 것들이 눈에 들어왔다. 나는 자연이 주는 좋은 것들을 최대한 몸과 눈에 담기로 했다. 능의 정상 부근에 올라오면 적송들이 아치형으로 뻗은 길이 나온다. 내가 가장 즐기는 장소다. 그곳에 서서 발아래를 한참 동안 내려다보다 최대한 느리게 느리게 걸었다. 그림 같은 장소에서 그림 같은 발걸음을 뗐다.

2.5단계가 내게 주는 느림의 미학을 만끽하며, 어렵고 힘든 시기지만 매일 이곳으로 산책을 와야겠다고 결심했다. 자연을

느끼게 해주고, 힐링이 되는 A.S.M.R.을 주고, 운동까지 되니 안 할 이유가 없다.

나오는 길에 곧바로 정기권을 끊었다. 수시로 방문이 가능한 1개월 권이 단돈 1만 원이다. 고작 커피 두 잔 가격으로 얻을 수 있는 큰 행복이다. 정기권을 손에 들고 집으로 돌아오는 길은 너무 신나고 상쾌했다. 몸을 만드는 것은 곧 마음을 만드는 일이다. 그리고 마음을 잘 매만져야 몸도 바로 선다. 커피 두 잔 가격으로, 나는 평소에 보지 못했던 많은 것들을 눈과 머리에 넣을 수 있었다.

몸을 세우는 일이 곧 마음을 세우는 일

회사 다닐 때는 점심시간에만 이용할 수 있는 정기권을 끊어서 회사 바로 옆에 있는 덕수궁 산책을 하곤 했다. 1회 입장료가 1,000원인데 점심시간 한정 정기권은 단돈 3,000원에 기간도 길었다. 그때는 정기권을 끊어도 자주 이용하지 못했다. 회사 생활을 하다 보니 바쁜 탓도 있었고, 잊고 지내기도 했다.

하지만 동네 능의 정기권은 달랐다. 적어도 작심삼일은 넘으리란 자신이 있다. 언제 또 급작스레 회사에 복귀할 수 있으니 그 전에라도 만끽하리라 다짐했다. 자연을 이렇게 가까이에서 자주 느낄 수 있는 시간이 또 언제 올지 모를 일이니.

그동안 무심코 지나쳤던 일상들이 의미 있고 새롭다. 자연에서 산책할 수 있는 순간이 감사하게 느껴진다. 짜증으로 가득 찰 뻔했던 나의 일상이 행복감으로 변하는 순간이다. 모든 일은 마음먹기에 달렸음을, 몸을 바로 세우는 것이 곧 마음을 바로 세우는 길임을 새삼 느낀다.

힐링이 필요한 순간

다른 사람들도 마찬가지겠지만 나는 지금껏 한 번도 마음대로 여행을 할 수 없는 시절이 올 거라고는 상상해본 적이 없었다. 하지만 그런 현실은 갑작스럽게 우리 모두에게 찾아왔다. 마음만 먹으면 갈 수 있었던 장소는 이제 사진이나 영상으로밖에 볼 수 없다. 한편으로는 서글프고 우울하다.
그러나 꼭 멀리 가야만 여행인 것은 아니다. 우리 주변에는 가깝고 마음을 편안하게 해주는 힐링 장소들이 의외로 많다. 멀리 가지 않고도 자연을 느끼고 싶을 때, 마음이 복잡해서 머릿속을 비우고 편안해질 수 있는 장소를 찾고 싶을 때 어울리는 곳을 소개한다.

북악산

서울특별시 종로구 팔판동, 삼청동, 부암동, 정운동, 궁정동, 성북동에 걸쳐 있는 산으로 북한산 줄기를 타고 남쪽으로 이어진다. 청와대를 둘러싸고 있어 예전에는 출입이 금지되어 있었으나 2006년 4월 1일 1단계로 홍련사-숙정문-촛대바위(1.1킬로미터) 구간을 부분 개방했다. 이어서 2007년 4월 5일 와룡공원-숙정문-청운대-백악마루-창의문(4.3킬로미터) 구간을 전면 개방하였다.

코스에 따라 다양한 서울의 모습을 한눈에 감상하는 재미가 있다. 한양의 옛 모습들을 느껴볼 수 있고, 서울의 가장 중심에 있다는 생각이 들면서 기분이 좋아진다. 처음 방문한다면 해설이 있는 코스를 이용해보기를 권한다. 단, 신분증(주민등록증, 여권, 운전면허증 등)을 반드시 지참할 것.

1코스 : 혜화문 → 와룡공원 → 말바위 안내소 → 숙정문 → 청운대 → 백악마루 → 창의문(두 시간 내외)

2코스 : 삼청각 → 숙정문 안내소 → 숙정문 → 촛대바위 → 곡장 → 청운대 → 1.21사태 소나무 → 백악마루 → 창의문 안내소(두 시간 내외, 문화공연장인 삼청각은 2020년 12월 31일까지 공사로 영업 중단)

3코스 : 자하문 → 창의문 안내소 → 백악마루 → 1.21사태 소나무 → 청운대 → 곡장 → 촛대바위 → 숙정문 → 말바위 안내소 → 삼청공원 입구(두 시간 내외)

서울에 있는 조선 왕릉 탐방

서울에는 구석구석 조선의 능들이 숨어 있다. 성북구에는 태조의 계비이며 조선 최초 왕비인 신덕왕후 강씨를 모신 정릉과 조선 20대 경종과 두 번째 왕비 선의왕후 어씨의 능인 의릉이 있고, 강남구에는 조선 9대 성종과 왕비 정현왕후 윤씨를 모신 선릉과 조선 11대 중종을 모신 정릉이, 서초구에는 조선 3대 태종과 원경왕후 민씨의 능인 헌릉이 자리하고 있다. 또 노원구에는 조선 11대 중종의 세 번째 왕비 문정왕후 윤씨의 능인 태릉과 13대 명종과 인순왕후 심씨의 능인 강릉이 있다.

서울을 조금만 벗어나면 고양의 서오릉과 서삼릉, 양주의 온릉, 화성의 융릉과 건릉, 파주의 삼릉과 장릉 등 많은 조선의 능들을 구경할 수 있다. 문화재청 궁능유적본부(royal.cha.go.kr) 홈페이지를 참고하여 행사와 참여마당 등의 정보를 미리 살펴보고 가면 다양한 볼거리를 만끽할 수 있다.

능은 조경이 매우 아름답고 인적이 드물어 사색하기 좋은 장소다. 나는 집 근처 정릉을 많이 찾는 편인데, 나름 오르막길과 내리막길로 이어져 있어 산책과 운동이 동시에 된다. 걸으면서 다람쥐, 청솔모, 너구리 등을 볼 수 있다.

북악스카이웨이 팔각정

북악스카이웨이는 서울 시내에서 드라이브하기 가장 좋은 도로다. 자연 경관이 수려하고 신호등이 없으며, 구불구불하지만 운치가 있다. 예전만 해도 북악스카이웨이는 드라이브 도로라고 생각했는데, 지금은 주로 산책 삼아 걸어 다닌다. 차를 타고 다닐 때와는 또 다른 북악스카이웨이만의 특별함을 느낄 수 있다. 한참 북악스카이웨이를 걷다 보면 팔각정이 나오는데 온 시내를 한눈에 볼 수 있다. 걸으면서 이런저런 생각을 정리하기 좋은 코스다. 팔각정 안에 식당도 있고 카페도 있으니 시간이 된다면 이용해봐도 좋을 것 같다.

내 산책 코스는 돈암동 아리랑고개에서 하늘한마당 → 북악스카이웨이 → 팔각정까지 이어진 5킬로미터 거리다. 하늘한마당까지 대중교통을 이용하더라도 약 50분 정도 걷는 구간이 나온다. 운치 있는 길을 기분 좋게 걸어보기를 추천한다.

다양한 동네 도서관

요즘은 동네마다 다양한 공공 도서관이 곳곳에 들어서 있다. 주민센터에도 작은 마을 도서관들이 많이 생겨, 조금만 길을 나서면 다양한 문화 행사에 참여하는 일이 가능하다. 내가 자주 가는 곳은 아리랑시네미디어센터와 도서관이다. 미디어센터에서는 신작 영화를 주로 상영하는데 구청에서 운영하는 극장이라 시설이 좋다. 사람도 별로 없는 데다 조조는 4,000원, 주중과 주말 상관없이 7,000원에 개봉 영화를 관람할 수 있다. 도서관도 매우 큰 규모여서 책을 읽거나 공부할 공간이 충분하다. 좋은 책들과 함께 마음의 양식도, 머리의 지식도 동시에 챙길 수 있다.

시청역 근처의 보물 장소들

회사에 다닐 때는 몰랐는데, 지금 생각해보면 회사 주변에 방문하기 좋은 곳들이 많았다. 그때는 언제든지 마음만 먹으면 갈 수 있다고 생각했기에 잘 가지 않았으리라. 회사에 복귀하면 자주, 많이, 좋아하는 장소들을 방문해서 힐링하고 싶다.

내가 가장 추천하는 코스는 정동길을 따라 덕수궁 돌담길을 지나 덕수궁으로 돌아오는 코스다. 이곳이야말로 서울 시내에서 산책하

기 가장 아름다운 길이라고 감히 단언한다. 늦가을 즈음에는 은행 냄새가 나서 조금 괴로울 때도 있지만, 그 정도는 아름다운 길이 주는 멋을 생각하면 별것 아니다. 2020년에는 고종의 길까지 개방되었으니 시청 근처에 가면 꼭 방문해보기 바란다. 서울 시청역 바로 앞에 있으며, 예쁜 카페와 맛집들도 주변에 많다.
추천 코스는 시청역 → 서울시립미술관 → 정동길 → 덕수궁 돌담길 → 덕수궁 → 덕수궁 내 카페에서 차 한잔!

청계천

예전 청계고가도로를 기억하는 사람들은 청계천을 방문하면 깜짝 놀랄 것이다. 무지막지한 청계고가도로가 아름다운 청계천 산책길로 바뀌었으니 지금도 갈 때마다 깜짝 놀라곤 한다.

총 산책로 17,63킬로미터, 총 22개의 다리로 연결되어 있다. 낮에 가도 저녁에 가도 물소리와 함께 기분 좋은 한걸음 한걸음을 걸을 수 있다. 물도 생각보다 맑아서 물고기와 가끔 황새도 볼 수 있다. 등불행사, 패션쇼 등 다채로운 행사가 자주 열려 언제든지 마음이 즐거워지는 장소다(행사 소식은 www.sisul.or.kr에서 확인 가능하다).

1코스 : 광화문 청계광장 → 모전교 → 광통교 → 광교 → 삼일교 → 수표교 → 관수교 → 종로 3가

2코스 : 광장시장 → 마전교 → 나래교 → 버들다리(전태일다리) → 오간수교 → 맑은내다리 → 동대문 성곽공원 → DDP(동대문디자인플라자)

3코스 : 두물다리 → 고산자교 → 신답철교 → 제2마장교 → 사근용답간 인도교 → 용답역

남산

남산은 서울의 대표적인 랜드마크로 멀리서도 남산타워가 보인다. 남산도서관에서 남산 둘레길을 지나 남산타워까지 걸어서 갈 수 있다. 남산 둘레길 산책로가 7.5킬로미터 이어지기 때문에 각자 컨디션에 맞게 산책할 수 있다.

케이블카를 타보는 것도 좋은 경험이다. 서울 시내에서 케이블카를 탈 수 있는 곳이 몇 군데나 될까? 봄에는 벚꽃이 만발하고, 가을에는 단풍이 예쁘게 물드는 장소다.

추천 코스는 남산도서관 → 남산 둘레길 → 남산타워(올라갈 때 걸어

서) → 발아래 서울을 한눈에 내려보며 차 한잔 → 케이블카(내려올 때) → '남산돈까스'에서 맛있는 식사 한 끼!

4장

스스로를 특별하게 생각하라

재능 기부자가 되고 싶다

자원봉사 담당자님 계세요?

나는 우리 구에 10년째 살고 있다. 회사와도 멀지 않고 주변에 도서관, 극장, 산이 가까이 있어서 매우 만족한다. 회사 다닐 때는 내가 어떤 동네에서 살고 있는지, 우리 동네에서 어떤 일들이 일어나는지 관심조차 없었다. 현실적으로 시간이 없기도 했다. 지금은 이리저리 걸어 다니면서 동네 구경도 하고, 밥도 먹고, 커피도 마시며 일상을 즐긴다. 그러다 문득 이런 생각이 들었다.

'이 동네에서 이렇게 잘살고 있는데 내가 무언가 할 일은 없을까? 구청을 한번 방문해봐야겠다.'

그냥 다짜고짜 찾아가면 구청 직원들도 당황할 수 있으니 두꺼운 도화지에 내가 할 수 있는 일들을 프로필처럼 적어서 가지고 갔다. 메일로 보낼 수도 있지만 담당자가 따로 없으면 버려질 수도 있고, 얇은 A4 용지에 적으면 찢어지거나 없어질 수도 있다. 도화지에 내가 할 수 있는 일, 할 수 있는 시간, 간단한 이력들을 적었다.

'요가 나눔, 목소리 기부, 청소년 진로 상담 등등.'

구청은 처음 방문해본다. 사건 사고가 크게 없는 평범한 인생이어서 구청에 방문할 일이 없었다. 우리 동네 구청이 이렇게 크고 좋았나? 자원봉사팀의 위치를 확인하고 직진해서 담당자를 찾았다. 눈이 동그래진 담당자는 무척 당황한 눈치였다. 나의 간단한 개인 프로필을 들이밀고 할 수 있는 자원봉사가 있으면 해보고 싶다고 했다. 안타깝게도 코로나19 때문에 복지관은 문을 닫아서 당장 할 수 있는 게 없지만 알아봐주겠다는 답변을 들었다. 나는 속으로 매우 다행이라고 생각했다. 휴직이 끝나기 전에 나눔을 할 수 있는 시간이 왔으면 좋겠다.

직장인의 완벽한 점심시간 계획, 내 안에 있다

2020년 4월부터 시작된 휴직은 4개월간 지속되었다. 그러다 7월 2주 정도 회사에 출근하고 8월이 되자 다시 휴직에 들어갔다. 지금 이 상태면 10월 중순까지 쉬어야 하는 상황이다. 전 세계적으로 확진자가 계속 나오고 있고, 치료제나 백신이 개발되지 않아 예전처럼 자유롭게 다른 국가로 이동할 수 없다. 항공기가 대부분 주기장에 있고, 우리의 휴직 기간도 길어진다는 뜻이었다.

마음은 불안하고 미래를 알 수 없어 머릿속이 복잡했지만 동요하지 않기로 했다. 늘 하던 대로 침착하게 명상과 호흡, 내가 즐겁게 하는 것들에 집중하기로 했다. 문득 짧은 출근 기간에 그런 생각을 했다.

'12층에 큰 회의실이 있는데 나중에 출근하면 여기서 직원들을 대상으로 명상과 스트레칭 위주의 요가 수련을 하면 어떨까?'

굳어 있는 어깨와 목을 풀어주고 척추를 강화하는 어렵지 않은 동작들 위주로 하면 좋을 것 같다는 생각이 들었다. 명상과 요가는 공복에 하는 것이 좋으니 점심시간 한 시간 가운데 30분은 수련을 하고 30분은 19층에 올라가서 식사하고 내려오면 심신을 한 번에 돌볼 수 있는 완벽한 직장인 점심 스케줄이 될 수 있었다. 피트니스 센터까지 가서 옷 갈아입고 50분 수업 중간에 회사로 돌아와야 하는 번거로움을 한 번에 해결해주는 것이다.

좋은 아이디어지만 지금 당장 실행할 수는 없었다. 언제라도 할 수 있으니 일단 아로마오일을 많이 주문해놓기로 했다. 아로마오일을 가지고 수련을 하면 몰입이 잘되고 기분이 좋아진다.

잠깐의 수련 시간이라도 기분 좋은 순간들을 함께 호흡하고 느끼고 싶다. 같이 근무하는 사람들이 기분이 좋아야 다 함께 즐거워지고 업무의 능률도 올라간다. 그런 순간들을 상상하며, 회사에 복귀하면 정식으로 건의해볼 생각을 굳혔다.

나를 깨우쳐준 단발머리

발레 수업을 같이 듣는 동료 중에 머리가 길고 얼굴이 하얀 친구가 있다. 항상 예쁜 올림머리를 하고 발레 수업을 듣는다. 내가 동네 발레 학원에 왔을 때부터 다니고 있었으니 알고 지낸 지 2년 정도 된 셈이다. 같이 작품도 많이 연습하고 제법 친한데, 최근에 갑자기 단발머리 소녀가 되어서 나타났다. 얼굴이 귀여운 편이라 "단발머리 정말 잘 어울린다. 근데 머리가 안 묶여서 발레할 때 불편하겠다"라고 말했는데, 그 예쁜 입에서 나온 한마디에 나는 충격에 빠졌다.

"언니, 소아암 환우들을 위한 가발 만드는 데 기증했어요. 머리야 또 금방 기르면 되죠."

어떻게 그런 생각을 했을까? 정말 너무 기특하고 예쁜 마음이다. 나는 한 번도 생각해본 적 없는 일이다. 갑자기 그 친구가 훨씬 어른 같고 큰 사람으로 보였다. 머리가 지저분해서 파마를 할까 염색을 할까 고민하고 있었는데, 속으로 너무 뜨끔한 순간이었다. 나같이 막 기른 머리도 기증할 수 있냐고 물어보니, 요즘은 파마를 해도 되고 염색을 해도 되는데 중요한 건 25센티미터를 한 번에 싹뚝 잘라야 한다고 했다. 내 머리 길이가 어깨 밑 정도 내려오니 몇 달 더 지나면 나도 기증할 수 있을 것 같다. 요즘 젊은 친구들한테 배울 점이 너무 많다.

복직했을 때 동료들이 "BR! 헤어스타일 뭐지? 너무 안 어울리는데?"라고 한다 해도 별수 없다. 혹은 "BR, 심경의 변화라도 있었어?"라는 오해를 받아도 좋다. 나를 깨우쳐준 단발머리 어른 친구의 뜻 깊은 일에 나도 동참할 수만 있다면.

나누는 기쁨 - 옷기부 단체

사계절이 뚜렷한 우리나라는 옷도 사계절별로 사야 하니 많을 수밖에 없다. 1년 이상 입지 않은 옷은 안 입는 옷이라고 보면 된다. 언젠가 입겠지 하는 마음은 그냥 희망 사항일 뿐인다. 나는 주로 '아름다운가게'를 통해 안 입는 옷이나 물건을 기부한다. 이 외에도 옷 기부 단체가 여러 곳 있으니 각자 살펴보고 관심 있는 단체에 기부하면 된다.

아름다운가게(www.beautifulstore.org)

자연 재순환과 나눔을 실천하고자 2002년 설립된 사회적 기업이다. 온라인이나 전화로 기증 신청을 접수하면 아름다운가게 측에서 신청한 날짜에 물품을 수거하러 온다(세 박스 이상 물품 수거 가능). 이 경우 택배비도 없다. 세 박스 미만일 경우 가까운 아름다운가게에 방문해서 기증하면 기부금 영수증 발행해준다.

옷캔(www.otcan.org)

옷캔은 2009년 설립된 외교부 소관의 NGO 단체다. 나눔, 교육, 환경에 중점을 두고 기부받은 옷과 가방, 잡화류, 신발 등을 제3세계에 보낸다. 신청서를 작성하면 자동으로 택배가 예약되고, 한 박스당 택배비 3,000원을 기부해야 한다. 기부금 영수증을 발행해준다.

굿윌스토어(www.goodwillstore.org)

'자선이 아닌 기회를'이란 슬로건으로 시작된 굿윌스토어는 '밀알복지재단'에서 운영하며, 사용 가능한 물품 등을 기증받아 판매한 수익금으로 장애인의 일자리를 확대하는 사업을 하고 있다. 기부금 영수증을 발행해준다.

서울노숙인시설협회(www.homeless-seoul.or.kr)

희망옷 나눔 사업을 하고 있으며, 안 입는 옷을 기증하면 노숙인들에게 지원한다.

행복한 존재감이 가지고 온 변화

나 자신이 명품이 되기 위하여

명품은 사람을 설레게 한다. 그래서인지 나도 명품을 제법 좋아하는 평범한 직장인이었다. 견물생심이라고 좋은 것들을 보면 갖고 싶다. 사람의 심리가 다 비슷할 것이다. 나는 자녀가 없으니 사교육비나 크게 돈 쓸 일이 없어서 물건을 사는 데 그다지 주저하지 않는 편이었다. 나한테 어느 정도 투자해도 된다고 생각하며 살았다. 그래서 별로 필요하지 않은 옷과 액세서리가 꽤 많다.

2020년, 우리 부부는 결혼 10주년이 되었다. 그래서 신랑이 기념으로 좋은 가방을 하나 사주겠다고 했다. 예전 같으면 무조건 사달라고 했을 것이다. 하지만 올해는 마음이 달랐다. 가방이든 옷이든 노땡큐(no thank you)를 외쳤다.

신랑은 좀 놀라는 눈치였다. 대신 나는 우리사주를 사겠다고 제안했다. 최근에 우리 회사에서 우리사주를 발행했는데 배정된 수량만큼은 사고 싶었다. 어쨌든 미미하게나마 주주로서 힘이 되고 싶다는 생각이 들었다.

예전과 달라진 이유는 무엇일까? 마음을 다듬고 몸을 바로 세우면서 조금은 어른이 된 듯한 느낌 때문일까? 예전처럼 '물욕' 같은 게 자연스럽게 사라졌다.

지금은 이런 말마저도 사치스러울 때 아닌가. 그리고 무엇보다 나 자신을 명품으로 만들고 싶었다. 스스로가 명품인 사람, 생각만으로도 너무 멋지다.

달라지는 나를 만나는 기쁨

얼마 전 가전제품을 사기 위해 매장을 찾았는데 원하는 제품이 없어서 결제만 하고 다시 방문하기로 약속하고 돌아왔다. 며칠 뒤 약속한 날짜에 다시 매장을 찾았는데 물건이 아직 도착하지 않았다고 했다. 약간 화가 나려 했지만, 주소를 적어주고 택배로 보내달라고 하곤 집으로 왔다. 그렇게 또 다음 약속 일자가 되었다. 그런데 이번에는 물건을 구할 수가 없다고 환불을 하러 직접 오라고 했다.

사실 이건 있어서는 안 되는 일이었다. 고객과 한 약속을 두 번이나 어기고, 게기다 고객한테 환불을 받으러 오라고 하다니……. 갑자기 화가 치밀었다.

'당장 고객센터로 가서 한바탕 뒤집어놓을까?'

'나를 무시하나?'

'나하고 의사소통을 한 직원이 내 말을 가볍게 들었나?'

별의별 생각이 다 들었다. 그러다 이러면 안 될 것 같다는 생각이 들어 눈을 감고 긴 호흡을 한 번 하고는 명상을 하기 시작했다. 무엇보다 머리와 마음을 진정시켜야 한다는 생각이 들었다. 그렇게 호흡을 하기 시작하자 마음이 진정되기 시작했다.

그 사이 담당 직원으로부터 장문의 사과 문자가 와 있었다. 한편으로 생각하니 나도 업무를 하면서 그런 실수를 한 번씩 했던 기억이 떠올랐다. 다르게 생각하니 또 별일이 아닌 것처럼 느껴졌다.

왜 나는 이런 사소한 일에 '나를 무시하나?'라고 느꼈을까? 마음속에서 대우를 받고 싶다는 생각이 알게 모르게 자리 잡고 있었던 것은 아닌지, 그래서 사소한 담당자의 실수 하나 이해하지 못하고 혼자 흥분했던 것은 아닌지, 내가 그렇게 느낀 이유는 겸손하지 못한 마음이 깊은 곳 구석 어디에 숨어 있는 것은 아닌지…….

명상을 하면서 사소한 일들에 흥분하고 열 받는 습관들이 조금은 없어진 것이다. 매일 아침 '다.양.한.나.'를 만나는 효과가 확실했다. 이렇게 조금씩 더 나은 사람이 되어가고 있다. 매일 달라지는 나 스스로를 보는 재미도 쏠쏠하다.

벼는 익을수록 고개를 숙인다

인성에 문제가 없도록

나는 회사에서 전입 직원들이 오면 교육을 진행하고, 불필요한 일들을 개선하는 업무를 하고 있다. 많은 직원들을 만날 수 있고 새로운 일들을 추진해볼 수 있어서 매우 만족하면서 열심히 회사 생활을 하고 있다. 업무를 하다 보면 매일은 아니지만 전입 직원들이 자주 발령이 나는데, 참 다양한 분들을 만나게 된다.

보통 우리 본부로 오는 사람들은 직급이 좀 있는 고참 선배님들이다. 회사에 기여도 많이 하고 각 분야의 전문가들도 많다. 나는 그들이 최대한 새로운 환경에 적응해서 근무할 수 있도록 지원하는 것도 내 업무의 연장선이라고 생각했다. 일단 전입 직원이 사무실에 출근하면 '전입 직원 오리엔테이션'을 간단하게 하고 실무 교육을 진행하는데, 이때 성향이 나타난다.

신입 직원 마인드로 열심히 듣고 호응하는 사람, 뒤로 거의 눕다시피 앉아서 팔짱을 딱 끼고 무슨 말을 하는지 보자는 태도를 보이는 사람으로 나뉜다. 첫인상과 태도가 그 사람의 이미지를 좌우하는데 이때 편견이 많이 생긴다.

문제는 편견에서 끝나지 않고 실제 업무를 할 때도 고스란히 내 태도가 나타난다는 것이다. 그 뾰족함은 업무를 할 때도 사람의 마음을 콕콕 찌른다. 바늘만 사람을 찌를 수 있는 게 아니다. 사람도 사람을 찌르고 아프게 한다. 본인이 인간 고슴도치인 걸 모른다는 게 함정이다.

많은 사람들이 모이는 만큼 다양한 성향이 존재하는 건 어쩔 수 없다. 하지만 최소한 같이 근무하는 동료들한테는 그 뾰족함을 고치지는 않더라도 최대한 뭉툭한 면으로 대해주길 바란다. 찔리면 누구나 아프다.

나 역시 누구에게는 고슴도치가 아니었는지 생각해본다. 정말 존경하는 선배님들을 보면 공통점이 있다. 겸손하다는 것이다. 모든 일에 유연하고 화를 잘 내지 않는다. 복직했을 때는 더 발전해 있을, 욱하지 않을 나를 위해 마음 수련에 더 집중해본다.

장비 데몬이 무안에 빠진 날

보통 무언가를 시작하면 장비 먼저 구입하는 사람들이 많다. 나도 그런 부류다. 일단 장비 먼저 구입해서 나 자신에게 동기부여도 하고, 폼도 내고, 있어 보이게도 하고, 약간 명품을 샀을 때와 비슷한 느낌이다. 보통 이런 사람들을 흔히 '장비 데몬'이라고 부른다. 얼마 전까지는 이 장비 데몬이라는 단어가 은어로 많이 쓰였는데, 최근에 찾아보니 오픈사전에 이렇게 등록되어 있었다.

"장비 데몬 — 자신의 실력과 맞지 않는 최고급 장비를 갖춘 스키어를 말한다."

언제 오픈사전에까지 올라왔는지 혼자 '푸핫' 하고 큰 소리로 웃었다. 나를 말하는 것인가?

예전에 필리핀으로 스쿠버다이빙을 하러 갔을 때의 일이다. 보통 보트 하나에 여러 팀들이 섞여 바다로 나가는데, 대개 한국 사람들은 한눈에 바로 알아볼 수 있다. 일단 장비가 좋으면 한국 사람이라고 보면 된다. 오래 다이빙을 한 사람도 있고, 얼마 안 되었는데 장비만 좋은 사람도 있다.

어느 날 난파선 다이빙을 하러 나갔는데, 허름한 장비에 왜소한 체격의 남성이 타고 있었다. 나는 다이빙 컴퓨터로 무언가를 막 맞추고 재정비를 하고 있었는데 그는 바다만 바라보았다. 바다로 들어갈 때는 부력 때문에 보통 자기 몸무게를 계산해서 몸에 납을 차고 들어간다. 처음 하는 사람일수록 납을 많이 차게 되는데, 남자들은 몸무게가 많이 나가니 많이 찰 수밖에 없다. 준비를 마치고 입수를 하려고 대기하고 있는데, 1킬로그램짜리 두 개만 찬 남자가 보였다. 속으로 '말도 안 돼'라고 외쳤는데 그 허름한 장비의 주인공이었다. 분명 '그냥 떠오를 거 같은데'라고 생각하며 뒤로 입수를 했는데, 입수하자마자 바닷속에서 알아버렸다. 그는 한 호흡에 물과 하나가 된 것처럼 보였다. 물속에서 가장 여유 있었고, 그렇게 중성부력(물에서 뜨지도 가라앉지도 않는 상태)을 잘하는 사람은 지금까지 못 봤다.

나중에 알고 보니 그 사람은 강사의 강사를 가르치는 레벨이라고 했다. 다이빙의 한 호흡, 골프의 한 스윙, 스키의 한 턴만 보면 얼마나 그 사람이 잘하는지 알 수 있다. 장비는 중요하지 않았다. 아무 장비, 아무 옷을 입어도 실력은 숨길 수가 없다. 하지만 나는 고수가 아니니 장비발의 도움을 조금이나마 받고 싶다. 명상을 하면서 많이 좋아졌다고 생각했는데, 신상 발레복을 지르는 나를 발견하고 뜨끔했다.

정말 고수가 되면 장비는 신경 안 써도 될까? 그럴 것 같다. 실력이 깡패이니 실력만 있다면 장비는 중요하지 않을 것 같다. 장비는 이제 그만. 실력 향상에 더 힘을 쏟아보자. 하지만 나는 아직 진정한 고수로 거듭나지 못했으니 살짝 장비로 마음의 위안을 삼고 싶다.

이판사판 공사판

"이판사판이다!"

이런 말을 많이 해봤을 것이다. 일을 하다가, 운동을 배우다가, 게임을 하다가 나도 모르게 이판사판이라는 말을 한다. 이판사판은 더 이상의 방법이나 묘안이 없을 때 하는 말이다. 왜 많이 하는 것일까? 쥐도 궁지에 몰리면 고양이를 문다는데 사람이야 오죽할까?

무슨 일을 하든 이판사판 공사판의 상황이 생기지 않도록 하는 게 첫 번째이고, 만일의 사태가 생겼다고 느껴지면 눈을 감고 호흡을 깊게 하면서 머릿속을 잠시 비워내는 게 두 번째 할 일이다. 호흡만 깊게 해도 내 마음은 이미 공사판에서 빠져나와 있을 것이다. 명상을 하면서 제일 달라진 나의 모습은 어떤 일에 대해 최소한 이판사판까지는 가지 않는다는 것이다. 예전의 나는 일을 할 때 무조건 되게 하려고 "자, 이판사판 공사판이야. 하는 데까지 해본다" 하는 말을 많이 했다. 이판사판 공사판이 아니더라도 할 수 있는 좋은 방법들은 많았을 텐데 말이다.

최근에 지인들하고 용평에 갔을 때 윷놀이를 했다. 가족들끼리 명절마다 윷놀이를 제법 많이 했기 때문에 이길 자신이 있었다. 그런데 역시 그 작은 소모임에서도 고수들이 많았다. 조용히 윷을 꺼낼 때부터 눈치를 챘어야 하는데 아차 했다. 역시 고수는 입으로 잘한다고 이야기하지 않는다. 윷놀이 말판을 보니 말을 놓는 방법부터 달랐다. 뒤에 계속 따라오는 상대방 말이 내 말을 잡아서 '이판사판이다. 말 다 업어' 이러고 결국 말을 다 업고 또 잡혀서 졌던 기억이 난다. 조금만 생각하면 이 이판사판까지 생각 안 하고 말을 잘 분배하면 한 번은 이길 수도 있었을 텐데 말이다. 모든 일들이 다 그렇다. 최소한 이판사판 공사판까지 가기 전에, 공사판에서 내 마음을 끌어내고 한 발짝 뒤에서 바라보자. 고수는 역시 조용히, 필요할 때 실력을 발휘하는 법이니까.

자존감, 친절, 겸손은 한 뿌리에서 나온 이파리들

인사의 재발견

우리가 출근을 하거나 친구를 만나거나 모임에 가면 제일 먼저 하는 일은 인사일 것이다. 안녕한지, 식사는 했는지, 별일은 없는지 물어보는 것도 인사의 일종이다. 인사의 사전적 의미도 '마주 대하거나 헤어질 때 하는 예를 포함. 또는 그런 말이나 행동, 입은 은혜를 갚거나 치하할 일 따위에 대하여 예의를 차림. 또는 그런 말이나 행동'을 뜻한다. 종합해보면 인사는 사람에 대한 관심과 예의라고 할 수 있다.

평소에 제일 많이 하는 '안녕하세요?'라는 인사에 이렇게 많은 뜻이 내포되어 있는 것이다. 활기찬 인사 한마디에 하루 컨디션이 달라진 적이 있는가? 누군가가 먼저 밝게 인사하면 하루 종일 기분이 좋았던 기억이 있지 않은가? 누군가의 하루의 시작을 내가 활기차게 해준다고 생각해보라. 너무 신나지 않은가?

인사는 돈도 안 든다. 따로 배워야 하는 것도 아니다. 자연스럽게 먼저 웃으면서 인사를 하면 주변의 공기가 달라진다. 적막했던 사무실에 활기가 돌고, 하루의 시작과 끝이 즐겁다. 그런 모습을 보며 인사를 하는 내가 더 기운을 얻게 된다. 나는 지금까지 본의는 아니지만 눈이 나빠서 인사를 많이 했다. 하지만 그 습관은 나의 가장 큰 장점이며, 내가 할 수 있는 제일 즐거운 일이 되었다.

인사를 잘하다 보면 사람들과 이야기를 많이 하게 되는데 그러면서 많은 것을 배우고 관계를 쌓아간다. 회사 근처 구두수선 가게 사장님도 오다가다 인사하는 사이인데 내가 굽을 갈러 가면 구두를 같이 닦아준다. 그래서 나는 구두 굽을 갈면 원래 구두도 같이 닦아주는 시스템인 줄 알았다. 그런데 아니었다. 반갑게 인사하는 나한테만 특별히 해준 것이다.

아무리 무뚝뚝하고 사람에 대한 관심이 없는 사람이라도 웃으면서 '안녕하세요?'라고 인사하면 반응을 안 할 수가 없다. 먼저 인사하지 않는 후배나 동료가 있더라도 기분 좋게 먼저 인사하자. '안녕하세요?' 이 한마디 말에 진심과 관심을 담아서 당장 내일 아침 가족들에게, 동료들에게, 친구들에게, 나의 단골가게 직원들에게 반갑게 웃으면서 인사하자. '안녕하세요?'라고!

경청의 기술

회사 동료들이 나에 대해 가장 크게 오해하는 것은 내가 말을 잘한다고 생각하는 것이다. 사실 나는 말을 잘하는 사람이 아니다. 다만 남들보다 열심히 듣는다. 회의를 할 때나 교육을 받을 때나 개인적인 모임을 할 때도 열심히 듣고 격하게 호응한다. 듣다가 질문이 나오거나 다른 내용을 물어보면 그때 대답을 하는 편인데, 호응을 하다 대답을 하니 말을 잘한다고 느끼는 것 같다. 개인적인 모임이나 업무상 만나도 얼굴과 눈을 보고 이야기하는 걸 좋아하는데, 그때 친밀감이 형성되어 분위기가 좋아지면서 말을 잘한다고 느꼈을 수도 있다.

요즘은 어딜 가도 스마트폰들만 보고 서로 얼굴도 쳐다보지 않는 분위기다. 그럼 그냥 전화를 하면 되지 왜 만나는지 이해되지 않는다. 내 금쪽같은 시간을 할애해서 내 돈을 쓰면서 만난다는 뜻은 그만큼 서로에게 나름 소중한 존재라는 뜻이다. 이런 소중한 사람들과 스마트폰만 보면서 귀한 시간을 보내는 건 너무 아쉬운 일이다. 가능하면 그런 모임은 안 하는 게 좋다. 그냥 이메일이나 스마트폰만으로도 관계를 유지할 수 있으니 말이다.

보통 모임을 가도 서로의 교감 없이 자녀 이야기, 집안 이야기만 줄기차게 하는 사람들이 있다. 이럴 때는 아무리 잘 듣는 나라도 잠시 일어나서 자리를 피하게 된다.

말을 잘하는 건 사회생활에서 큰 장점이 되는 요소다. 자신의 의견을 조리 있게 전달할 수 있는 능력은 업무 성과와도 관련이 있으니 말이다. 하지만 그것보다 더 중요한 것이 있다. 바로 경청이다. 상대방이 말하는 것을 잘 들어보면 항상 그 안에 정답이 있다. 다 들어보고 궁금한 내용들이나 이해 안 되는 내용들을 물어보면 된다. 최근 이런저런 교육을 받고 있는데, 항상 강사님들이 맨 마지막에 질문이 있는지를 물어온다. 나도 앞에 나가 강의를 해봐서 알지만, 내가 하는 이야기들이 잘 전달되었는지, 정말 궁금한 점은 없는지 물어본다. 적막함을 깨고 항상 손을 들어 질문한다. 그러면 백이면 백 모두 강사님들이 더 신이 나서 알고 있는 내용을 전해준다. 얼마나 좋은가? 나 스스로 원해서 배우러 갔으니 조금이라도 더 많이 알려주면 감사한 일이다.

얼마 전 서점에 갔다가 말에 대한 책이 너무 많아서 깜짝 놀랐다. 몇 권은 사고 몇 권은 그 자리에서 목차와 내용을 쭉 훑어봤다. 많은 대화법 책에서 강조하는 것은 결국 말을 잘한다는 것은 잘 듣는 것에서 시작한다는 것이다. 일단 먼저 말하기 전에 듣는 것부터 시작하자. 그 이후에도 할 말은 다 할 수 있다.

자존감 컴백홈

‘서태지와 아이들’이 나왔을 때 나는 매우 신선한 충격을 받았다. 독특한 노래와 새로운 춤에 반해 첫 방송에서 팬이 되었다. 그런데 이때 심사위원들이 혹평을 했다. 그 이후 ‘서태지와 아이들’이 문화 대통령으로 거듭난 것을 보고 그 당시 심사위원들은 내내 씁쓸했을 것 같다.

회사를 다닐 때 이런저런 교육을 많이 받았는데, 그때마다 자존감이 어느 정도 수준인지 검사하는 항목이 꼭 있었다. 나는 항상 자존감이 너무 높게 나와서 강사님들이 웃었던 기억이 난다. 그런데 휴직과 동시에 나의 자존감은 바닥으로 떨어졌다. 알 수 없는 불안감과 초조함 때문이었으리라. 명상을 하고 요가를 하고 집중을 하면서도 쉽게 자존감이 돌아오지 않았다. 아침에 발레나 요가를 가면 회원들이 “회사 안 가요?”라고 물어볼 때마다 “네, 좀 쉬고 있어요”라고 말해야 하니 바로 현실을 직시하게 되었다.

어느 날 발레를 마치고 약속이 있어서 늘어진 빨래마냥 터덜터덜 전철을 타고 약속 장소로 가는 중이었다. 환승 구역에서 큰 카트를 끌고 가시는 어르신을 발견했다. 요즘 전철은 엘리베이터가 곳곳에 있어서 큰 짐이 있어도 크게 불편함이 없다. 그런데 그 환승 구역은 엘리베이터 없이 계단으로만 되어 있었다. 뒤에서 어르신을 보던 나는 저걸 어떻게 가지고 올라가시지 하는 생각과 동시에 몸은 이미 그쪽으로 뛰고 있었다.

나는 살짝 뛰어가 계단 밑에서 카트를 받쳐주며 “제가 앞에서 들어드릴까요?” 했다. 어르신은 뒤에서만 받쳐줘도 수월하다며 고맙다고 했다. 그때 마침 지나가던 건장한 남자가 그걸 보더니 번쩍 카트를 들어서 계단을 한달음에 올라가 내려주었다. ‘아직 살 만한 세상이야!’라고 생각하며 큰 소리로 인사를 하고 어르신께도 인사하니 너무 고맙다고 여러 번 말씀하셨다. 그때 느꼈다.

‘맞아, 나는 친절한 사람이었지!’

휴직이 나의 친절한 마음까지 바닥으로 내동댕이치진 않았던 것이다. 나는 더 나은 사람이 되는 과도기에 서 있는 거라고 생각하기도 했다. 그날 예상하지 못했던 작은 사건으로 자존감을 찾았다. 모든 일상을 대하는 나의 태도는 긍정으로 변화하고 있고, 친절한 마음이 자존감까지 되찾아주는 마법을 발휘한 것이다. 사소한 친절은 주변을 전염시키고, 내 마음을 행복감으로 물들인다.

특별해진 나는 어떤 일상을 살아갈까?

기밍아웃

젊은 날의 액티비티한 운동을 즐긴 대가는 나의 얼굴에 기미라는 선물(?)을 주었다. 안타깝게도 눈부신 발전을 이룩한 의료기술도 기미 치료는 완벽하게 할 수 없다고 한다. 피부가 그리 나쁜 편은 아닌데 기미가 항상 신경 쓰였다. 가끔 피부과를 방문해서 레이저토닝 시술과 피부 관리도 받는다. 좋다는 레이저 기계가 있다고 하면 아무리 멀어도 방문해보지만 결국 일상생활 속에서도 자외선은 항상 존재하기 때문에 늘 기미는 유지되고 있다.

예전에는 '아, 기미 때문에 스트레스받아. 기미만 없으면 훨씬 좋을 텐데. 옛날에 그런 운동들을 좀 하지 말걸' 하며 후회를 한 적이 많았다. 나이가 들수록 얼굴에서 세월의 흔적이 나타난다고 생각했기 때문이다. 이왕이면 깨끗한 얼굴로 나이가 들면 더 좋을 것 같다고 생각했다. 하지만 지금은 피부과를 거의 끊었다. 물론 휴직 기간에 바쁘기도 했고, 돈과 시간도 많이 들기 때문이다.

요즘은 대신 컨실러라는 아주 좋은 아이템을 발견해서 사용 중이다. 더구나 일상이 마스크와 함께이니 컨실러마저 쓸 일이 별로 없다. 웬만하면 운동할 때도, 발레할 때도 마스크를 쓰고 있으니 화장을 거의 하지 않는다.

어느 날 명상을 끝내고 거울을 봤는데 기미는 그대로 뚜렷하게 보였지만, 내 마음이 달라져서인지 기미가 그렇게 신경 쓰이지 않았다. 내 얼굴과 잘 조화를 이룬 듯 보였다. 모든 일에는 원인과 결과가 있다. 기미를 부정하는 건 나의 찬란하고 즐겁고 행복했던 젊은 시절을 부정하는 것과 같았다. 다시 세월을 돌린다고 해도 기미 때문에 내가 행복했던 순간들을 포기하진 않겠다(다만 자외선 차단제는 더 꼼꼼히 자주 바를 것이다).

누구에게나 다시는 돌아올 수 없는 찬란했던 젊은 시절이 있다. 열정이 넘쳤고, 무슨 일이든지 할 수 있을 것 같던 시간들이다. 하지만 시간을 되돌린다고 해도 나는 다시 20대로 가고 싶지 않다. 그 시절의 순간들은 이미 과거이고, 나의 살아온 흔적이며, 지금의 나이기 때문이다. 가끔 타임머신을 타고 과거로 돌아가고 싶은 순간들이 있었다. 하지만 지금은 아니다. 나의 지나간 행복했던 젊은 시절에 감사하며, 더 나은 내가 되어가는 행복감을 느끼고 있다. 이제 나는 당당히 '기망아웃'한다. 다른 이들도 모두 기미에서 자유로워지기를!

나이가 든다는 것에 대한 즐거움

젊은 시절에는 40대 중반의 여성이나 남성을 보면 무조건 아줌마, 아저씨라고 단정지었던 것 같다. 지금은 50~60대가 넘어도 젊어 보이고 활기찬 분들이 너무 많은데 말이다. 세월이 변해서일 것이다. 100세 시대가 되었고, 90세가 넘어도 정정하신 분들도 많다. 40대 중반이 넘어가면서 나이가 든다는 것에 대한 스트레스가 약간 있었다. 얼굴에 주름도 생기는 것 같고, 생전 없던 흰머리도 한두 개씩 생기기 시작했다(은근 집중되면서 재미있다).

가끔 신랑에게 아르바이트를 시키기도 한다. 한 개 뽑으면 얼마 이런 식으로. 어릴 때 엄마, 아빠 흰머리 뽑아드리며 용돈받던 기억이 난다. 용돈을 주신다고 해서 초집중했는데 지금 생각하면 그냥 해드렸어야 했다. 이제는 두 분 모두 백발이 되었지만, 염색을 할 때도 있고 그냥 흰머리로 다니실 때도 있다. 내가 나이 먹는 건 사실 별로 서글프지 않다. 다만 부모님이 나이 들어가시는 걸 보면 좀 서글프다. 아프시지 말고 건강하게 오래오래 같이 즐거운 추억을 많이 만들고 싶다.

지인 중에 50세 넘은 분들이 많은데, 항상 반백 살 어쩌고 하는 이야기를 한다. 그러면 나는 "100세 시대에 50세면 이제 반 살았으니 어린이 아닙니까 어린이! 우리 같은 어린이들끼리 너무 그러지 마시죠"라고 웃으면서 말한다. 하지만 나이 든다는 것에 대한 막연한 두려움은 항상 있었다. 자연의 섭리를 거스를 수 없다. 예전 다 같이 젊었을 때 찍었던 사진들을 보면 아련한 기분이 든다.

하지만 지금은 나이가 든다는 것에 대한 즐거움을 최대한 느끼고 있다. 명상을 하면서 나의 미래를 생각하면서 나이가 들수록 우아하고 친절함이 묻어나는 나를 발견하곤 한다. 내 말에 책임질 수 있고 70세, 80세에도 요가와 발레를 하고 있는, 항상 웃으며 인사하는 내 모습이 그려진다.

소중한 것들을 더 소중하게

휴직 이후에 평범한 일상에 대해 많이 생각한다. 이제는 우리가 당연하게 여기며 누려왔던 일상들로 돌아가기 힘들다. 지금은 마스크를 쓰고 요가와 발레를 하는 일상이 당연하다. 숨이 차서 죽을 것 같고 땀이 차서 마스크가 얼굴에 달라붙어도 마스크를 벗는 사람은 단 한 명도 없다. 잠시 쉬는 시간에 모두 창가에

한 명씩 붙어서 마스크를 내리고 거친 호흡을 가다듬는다. 밖에서 보면 희한한 장면이라고 느낄 정도다. 이제 이런 상황이 일상이 된 것이다.

휴직이 끝나고 출근하더라도 당장에 코로나19가 잠잠해지거나, 백신이 전 세계에 보급되지는 않을 것이다. 그렇다면 우리의 일상을, 나의 일상을 어떻게 보내야 할까? 당연하게 누려왔던 것들을 더 소중하고 감사하게 여기면 된다. 가족과의 식사, 지인들과의 만남, 출근의 기쁨, 명상의 소중함, 발레의 즐거움 등 모든 일들에 한 번 더 감정을 이입해서 지내는 것이다.

교회에 다니는 나는 마스크를 쓰고 격주로 예배를 드리러 간다. 교회에 갈 때마다 시부모님을 만나 인사를 드리는데, 매주 뵙다가 격주에 한 번씩 뵙게 된 셈이다. 우리 둘만 잘 지내면 된다고 늘 강조하며 배려해주시는 시부모님이 감사할 따름이다. 요즘 운동도 못 가고 교회도 자주 못 나오시는 터라 기력이 없어 보이셔서 많이 걱정되었다. 그래서일까? 왠지 예배 끝나고 주로 신랑과 단 둘이 가던 단골 빵집에 두 분을 모시고 가고 싶었다.

두 분은 빵을 고르시게 하고 위층에 올라가서 커피와 음료를 마시는데 갑자기 가슴이 뭉클했다. 빵을 고르실 때 어린이처럼 좋아하시는 모습, 즐겁게 빵을 드시는 모습, 이게 뭐라고 그동안 우리끼리만 쏙 빠져나와 시간을 보냈을까? 시간 날 때마다 모셔와야겠다고 마음먹었다. 시부모님과 함께하면 불편하다고? 부모님인데 불편해야 얼마나 불편하겠는가! 그건 변명이나 핑계일 뿐이다.

우리도 나이 든다. 소소한 순간들을 소중한 사람들과 함께 보내보자. 즐겁게 보내기로 마음먹으면 안 즐거운 일이 없다. 코로나로 더욱 단단해진 나의 모습이, 유연해진 나의 마음이 특별해지는 순간이다.

일단 두드려보자

마법 같은 순간

언젠가 내 생일에 동서가 레고 피규어들을 레어템이라며 선물로 보내준 적이 있다. 난 사실 몹시 의아했다.

'왜 나한테 이런 선물을 보냈을까?'

피규어 덕후인 신랑이라면 좋아하겠지만, 난 피규어를 심지어 안 좋아한다. 그 이유가 궁금해서 나중에 전화로 물어봤다. 그러자 동서는 우리 집에 그렇게 많은 피규어가 있는 건 분명히 내가 좋아해서일 거라고 생각해 보냈다는 것이다. 너무 귀여운 발상이었다.

사실 우리 부부는 각자의 취미를 존중한다. 나도 제법 돈이 많이 드는 취미를 가지고 있고, 신랑은 골프가 취미인 피규어 덕후다. 내가 '다.양.한.나.'를 실시하는 방이 피규어룸인 이유다. 친구들이나 발레 메이트들이 가끔 집에 놀러오면 다 피규어룸에서 사진을 찍는다. 나는 잘 모르겠으나 레어템들이 꽤 많은 것 같다. 피규어 가격이 싸지 않기 때문에 내가 자주는 아니지만 가끔 "먹을 수가 있냐, 입기를 하냐, 신기를 하냐, 어디 쓸데가 없는 아이들인데 너무 비싸다"라고 잔소리를 하곤 한다.

하지만 우리는 서로의 취미에 대해 암묵적인 승인을 했고, 같이 여행을 가도 원하는 물건을 사는 것에 대해 태클을 걸지 않는다. 어쨌든 난 이 비싸고 너무 많은 피규어들이 썩 달갑지가 않았다. 그런데 희한한 일은 휴직 기간 매일 아침 5시마다 피규어룸에서 명상을 하고 호흡을 하다 보니 이 아이들이 너무 친근하게 느껴진다는 것이다. 들어갈 때 인사는 기본이고, 이제 피규어들 이름도 웬만큼 알게 되었다 가끔 "넌 왜 그런 포즈를 하고 있니? 같이 요가하자"며 말을 걸기도 한다. 피규어들이 심지어 귀여워 보인다. 어떻게 다 그리 다른 표정, 다른 옷들을 입고 있는지 신기하다.

나에게 이제 피규어들은 귀찮고 치워버리고 싶은 존재들이 아니다. 매일 아침 나의 호흡을 함께 봐주고, 명상을 바라봐주는 동료다. 정말 마법 같은 순간이다. 나는 이제 더 이상 신랑에게 피규어를 산다고 잔소리하지 않을 것이다. 신랑이 피규어로 인해 행복을 느끼는 그 감정을 있는 그대로 받아들이고, 지켜보기로 했다.

'피규어들, 매일 아침 같이 명상을 맞이해줘서 고마워!'

새로운 것을 받아들인다는 것

나는 소위 말하는 아날로그형 인간이다. 사람 만나는 걸 좋아하고, 같이 함께 무언가를 하면서 즐거움을 찾는다. 그 흔한 SNS 조차 하지 않는다. 계정도 없다. 강제로 찾아온 멈춤의 시간에 '다.양.한.나.'에 집중하며 이런 생각이 문득 들었다.

'이제 더 이상 온라인 세상을 거부할 수가 없다. 받아들여야 한다. 오프라인과는 또 다른 세상이지만 점점 확장되고 더 큰 세상이 될 테니…… 그래, 받아들이자.'

그러던 중 회사의 친한 선배 언니들을 만나러 갔다가 좋은 소식을 듣게 되었다. 서울대 경영대학원에서 휴직 중인 사람들을 대상으로 '포스트코로나 시대를 준비하는 경영아카데미' 수업을 개설했는데 신청해보라는 이야기였다.

알려준 대로 링크를 따라가 보니 주 1회 세 시간씩 10회 하는 수업인데 실시간 화상 채팅으로 진행된다고 했다. 훑어보니 내용도 좋고 교수진도 훌륭했다. 꼭 들어보고 싶었다. 사이트에 들어가서 원서를 제출하려고 보니 고용보험 상실 내역을 첨부해야 했다. 그런데 고용보험 사이트에 들어가봤더니 정작 나는 휴직 중이라 고용보험 상실 상태가 아니었다.

당장 고용노동부 상담센터에 전화를 했다. 결론은 휴직인 직원은 고용보험 상실 자격이 없기 때문에 방법이 없다는 것이었다. 첨부 서류가 없으면 원서 제출이 안 되었다. 순간 포기하려고 노트북을 접었다가 다시 열었다. 지원 사유에 휴직인 상황과 꼭 듣고 싶은 사유를 성실하게 적고, 고용보험 상실 상태는 아니지만 휴직 중인 서류도 제출 가능함을 간곡히 쓰고, 고용보험 사이트에서 다운받은 서류를 일단 제출했다.

나는 내심 많은 기대를 걸고 합격자 발표일을 기다렸다. 발표 당일 합격자에게 문자로 회신을 준다고 했는데 문자가 오지 않았다. 역시 안 되었나보다 생각하고 있는데 수업 시작 바로 전주 금요일에 합격 문자가 왔다. 역시 두드리면 열린다.

이후 나는 열심히 온라인 수업을 듣고 있는 중이다. 강의 퀄리티가 말 그대로 '장난'이 아니다. 세 시간이 어떻게 지나가는지 알 수가 없다. 열정적인 수업을 해주는 교수님들께 진심으로 감사하다. 내가 모르던 분야를 공부하는 재미가 쏠쏠하다. 심지어 과정이 종료되면 수료증도 준다고 한다. 이런 좋은 과정을 알려준 선배 언니한테, 과정을 진행한 관계자들한테 다시 한 번 고마움을 전하고 싶다.

교수님들께서 코로나 이후의 세상에 대해 공통적으로 하는 이야기가 있다. 기업이든 개인이든 확실히 차별화된 무언가가 있지 않으면 살아남기 힘들다는 것이다. 마음을 콕 찌른다. 나는 차별화된 무엇인가가 있는 사람인가? 나를 돌아보게 된다.

이 수업은 온라인으로 서로 얼굴을 보며 질의응답까지 할 수 있다. 진짜 좋은 세상이지만 좀 답답하기도 하다. 실제로 강의실에 가서 교육을 들었으면 얼마나 좋았을까? 강의 시작 전에 노트북의 기본적인 프로그램 세팅도 다시 해야 하고 이것저것 나름 신경 쓸 일이 많다. 강의 시간에 갑자기 소리가 나는 건 아닌지, 내 얼굴은 잘 보이는지 등등 말이다. 온라인도 오프라인처럼 초집중해야 한다.

기대 이상의 카드

나는 회사 업무용 시스템이나 꼭 써야 하는 프로그램들 말고는 컴퓨터로 하는 일이 따로 없다. 컴퓨터와 친하지 않다. 옷도 직접 매장에 가서 입어보고, 마트도 자주 간다. 하지만 이제 온라인 세상도 나의 일부로 받아들이기로 했다. 그리고 곧바로 영상, 일러스트 제작 편집 과정에 등록했다. 물론 고용노동부에서 지원해준 '국민내일배움카드' 찬스를 다시 한 번 사용했다. '국민내일배움카드'는 아무리 생각해도 정말 좋은 제도다.

역시 '의상 제작' 과정과 마찬가지로 거의 무료다. 나만 열심히 빠지지 않고 수업에만 열중하면 된다. 소중한 기회이니 지루하거나 잘 못 따라가더라도 최선은 다하겠다고 마음먹었다.

하지만 복잡하고 재미없을 것이라는 편견은 첫날 산산조각 났다. 기대 이상이었다. 내가 원하는 영상이나 음악들을 이렇게 편집할 수 있다는 사실이 신기했다. 물론 저작권 문제를 확인해야 하는데, 혼자 공부했다면 아마 온라인에 떠도는 영상이나 음악 사진들을 막 가져다 썼을지도 모른다. 역시 정식으로 배우는 게 최고다. 지금 나의 'BR' 로고를 가지고 사진들을 편집해서 영화에 나오는 것 같은 인트로 영상을 만들었다. 너무 신기하고 재미있다. 발레 콩쿠르에 나갈 음악도 내가 자르고 붙일 수 있다. 원래 돈을 주고 의뢰하려고 했는데 이제 내가 음악 편집을 하면 된다. 역시 배워놓으니 실생활에 유용하게 쓰인다. 돈도 절약된다. 남은 기간 동안 더 열심히 배워서 잘 써보고 싶다.

나는 이 멈춤의 시간에 좀 더 나아가고 있으며, 온라인 세상과 소통하는 법을 배우고 있다.

성화 봉송은 아무나 하나?

2018년 평창동계올림픽과 패럴림픽이 개최되었다. 당시에 우리 회사가 후원사였기 때문에 직원들한테도 성화 봉송을 할 수 있는 기회가 주어졌다. 나는 평창동계패럴림픽 성화 봉송 주자에 지원했는데, 서울은 마감이 된 터라 전북 고창으로 가게 되었다. 고창은 한 번도 가본 적이 없으니, 이왕 가는 거 산에도 가보고 맛있는 것도 먹고, 잘 뛰고 와보자 하는 생각으로 회사 선배와 고창으로 향했다.

고창은 생각보다 멀었는데 도착해보니 도시가 너무 고즈넉하고 좋았다. 복분자도 마시고, 게르마늄 온천도 하고, 다음 날 성화 봉송할 때 실수하면 안 되니 일찍 자고 일찍 일어나기로 했다. 성화 봉송 주자 옷은 주황색인데 너무 예뻤다.

옷을 갈아입고 안내를 받은 후 성화를 넘겨주고 받는 연습을 했는데 생각보다 성화가 너무 크고 무거웠다. 심지어 우리 앞 주자들이 도착하지 않아, 원래 200미터를 뛰어야 하는 거리를 그들 몫까지 400미터를 뛰어달라고 했다. 사실 400미터는 내겐 '껌'이다. 그런데 함께 간 선배와 호흡을 맞춰야 하고 큰 성화를 한 손으로 계속 들고 있어야 해서 좀 부담스럽긴 했다. 지나가면서 주자들을 보니 계속 인터뷰를 하면서 달리고 있었다. 일단 우리 차례가 되어 버스에서 내려서 성화를 받고 천천히 뛰기 시작했다. 진행자가 계속 따라오면서 말을 시켰는데, 그냥 '파이팅' 하면서 달렸던 기억이 난다.

다시 한 번 기회가 온다면 사랑하는 사람들, 감사한 사람들에게 인사말을 전하고 출전 선수들에게 응원 메시지들을 전할 것이다. 그때는 준비되지 않은 상황이라 당황한 나머지 할 말이 떠오르지 않았다. 언제 또 내 인생에 성화 봉송을 할 수 있는 날이 올까 싶긴 하지만, 지나간 소중한 추억이라 생각하고 항상 미래를 준비하는 내가 되어야겠다. '다.양.한.나.'를 만나는 나는 매일의 나를 돌아보고, 현재의 나에게 집중하며 미래의 빛나는 내가 될 것임을 믿고 또 바란다.

가벼워지기

이 많은 물건은 도대체 어디서 나타난 것일까?

집에 있는 시간이 많아지다 보니 그동안 지나쳤던 집안의 이곳저곳을 보게 된다. 회사에 다닐 때는 아침 일찍 나가서 퇴근하면 약속이 있거나 취미 활동을 했기 때문에 밤 10~11시에 들어오는 날이 대부분이었다. 주말에도 쉬지 않고 발레를 가거나 등산을 가거나 여행을 가니 집 안 구서구석을 살펴볼 시간이 별로 없었다.

아침에 '다.양.한.나.'를 만난 이후 집안 정리에 일부 시간 할애를 했는데, 집에 물건이 많아도 너무 많다. 나름 깨끗하게 정리하다고 생각했는데 '비슷비슷한 이 많은 물건들은 도대체 어디서 나타난 것이냐!' 내 마음속에 질문을 해봤다. 답은 정해져 있다.

'네 손으로 샀으니 있는 거 아니니? 누가 가져다놨을 리는 없잖아?'

그렇다! 다 '내돈내산(내 돈 주고 내가 산 물건)'이다. 나의 쇼핑 패턴은 정해져 있었다. 언제 여기 또 오겠어? 지금 못 사면 영영 못 산다. 이런 생각이 확고하기 때문에 어딜 가면 항상 현지에서 살 수 있는 것들은 가능한 범위 내에서 아주 많이 사는 편이다. 불행인지 다행인지 신랑도 쇼핑 취향이 비슷해서 일단 같이 신나게 사고 본다. 그리고 소소한 물건일 경우, 마음에 들면 깔별로도 산다. 그러니 물건이 많을 수밖에……. 그동안 몰랐던 그 많은 추억들과 물건들이 여기저기 방치되어 있다 싶은 것도 있었고, 반대로 곱게 정리되어 있는 물건들도 많았다.

이 많은 추억의 물건들을 어찌할 것인가? 일단 안 쓰는 물건들을 꺼내놓고 친한 이들에게 필요한 물건이 없는지 의향을 물어본다. 그러고도 남은 물건들은 '아름다운가게'에 기부한다. 마지막으로 기부도 좀 어려울 것 같은 오래된 물건들은 재활용 수거함에 넣기로 한다. 이 세 가지 규칙을 가지고 정리를 시작했다.

정리, 해도 해도 끝이 안 나는 건 나만 그런가?

일단 안 입는 옷들을 쭉 꺼내보았다. 1년 이상 입지 않았거나, 현재 추구하는 스타일과 맞지 않는 옷과 소품들을 꺼냈다. 그리고 많은 발레복과 취미 용품들, 책들도 똑같은 기준을 두고 거실 바닥에 꺼내놓았다. 생각보다 많았다. 종류별로 정리해서 지인들이 필요하다고 하는 물건들은 옆으로 뺀 후에 나머지 물건들은 상자에 싸기 시작했다.

한 번에 할 수 있는 양이 아니라 시간 날 때마다 조금씩 정리했는데 거의 여덟 상자 넘게 나왔다. '아름다운가게'에 예약을 하고 박스에 넣었다. 그러고 나서 가벼운 마음으로 집 안을 둘러봤다. 맙소사! 그대로다. 그렇게 많은 옷들과 물건들을 내보냈는데도 한 치의 변화도 느껴지지 않았다. 도대체 얼마나 정리해야 티가 날 정도가 되는 것일까? 순간 좌절했다.

이대로는 도저히 안 될 것 같아서 책을 한 권 구입했다. 정리에 관한 책인데, 중요한 사실을 알았다. 물건들을 다 꺼내놓고 시작해야 한다는 것이다. 나한테 필요 없다고 생각하는 물건만 꺼내놓는 것이 아니라, 무조건 다 꺼내놓고 정리해야 내가 원하는 수준으로 정리되는 것이었다. 너무 큰 공사다. 저 많은 옷들과 짐들을 다 꺼내면 몇 날 며칠 밤을 새워야 할 수도 있다. 그래서 나는 그냥 티는 안 나지만 조금씩 천천히 정리해나가기로 했다. 휴직이 끝날 때까지라고 나만의 기한을 정하고 하면 된다.

나에게는 지금 필요 없지만 누군가에게는 필요할 수 있는 나의 소중한 물건들을 이제 자유롭게 해주자. 옷장에 처박혀 있는 것도, 신발장에 처박혀 있는 것도 얼마나 답답하겠는가? 그런 생각을 하니 한때 나에게 기쁨을 주었고 즐거움을 주었던 소중한 것들에 대해 미안함이 느껴졌다. 정리를 하면서 그때의 추억에도 잠겨보고, 그 옷을 샀을 때의 기분도 느껴보고 나름 의미 있고 뜻 깊은 시간을 보냈다.

책상 위에 산처럼 쌓아놓고 읽던 책들도 원래 있던 책장으로 보내니 책상이 한결 넓어지고 작업하기 편해졌다. 필요할 때마나 꺼내서 보면 되는데 그게 귀찮아서 옆에 쌓아놓고 있었다. 역시 모든 물건들은 제자리에 있어야 그 진가가 나타나나 보다.

'적당한 소유'라는 깨달음

1차 나눔과 정리를 끝낸 뒤, 이제 본격적인 2차 나눔과 정리를 시작할 시간이 되었다. 나한테는 뜻깊고 소중한 물건이었지만 지금 쓰지 않는 물건들을 과감하게 다른 사람이 사용할 수 있도록 해주고, 집도 숨쉴 수 있는 공간을 내주기로 했다. 내가 손댈 수 없는 피규어룸은 제외하고 내 영역에 한해서 열심히 2차 나눔과 정리를 시작했다. 회사에 출근했다면 예쁜 후배들한테 많이 나눠주었을 텐데…… 아쉬운 마음이 컸다.

그리고 또 하나 굳게 결심한 것은 앞으로는 무슨 물건이든 많이 사지 않겠다는 것이다. 나한테 꼭 필요한 물건만, 그것도 최소한으로 사도록 노력해야겠다고 다짐했다. 아예 안 산다고 하면 거짓말이 될 테니 좀 줄여가자고 나 자신과 타협했다.

쇼핑의 즐거움을 너무나 잘 알고 있지만 비움의 즐거움도 이제 알게 되었다. 이제 상자가 또 열일해야 하니 온라인 배송을 일부 시켜야겠다. 포장 상자가 너무 과도하게 나와 가능하면 온라인으로 주문하는 것을 자제하고 있는데, 지금은 그 튼튼하고 커다란 상자가 매우 요긴하게 쓰인다. 물건 넣고 싸는 데는 최고다. 튼튼한 상자와 접착력 좋은 테이프를 준비하고 이제 다시 2차 비움 시작이다. 할 수 있다, 덜어내는 일!

온라인 무료 배움터

휴직 기간 동안 최대한 많은 것을 배우고 익히고자 마음먹었다. 우선 고용노동부에서 지원하는 '국민내일배움카드'를 통해 그동안 관심 있었던 의상 만들기, 영상 제작 과정들을 수강하고 있다.

코로나19로 오프라인 강의가 축소되는 추세지만 정말 다양하고 퀄리티 높은 유용한 무료 온라인 강의들도 많이 있다는 것을 알게 되었다. 이후 시간이 날 때마다 무료 온라인 강의를 통해 나를 조금 더 성장시킬 수 있는 방법을 알게 되었다(시청이나 지역 관청에서 운영하는 강좌들은 온라인 교육뿐 아니라 오프라인 교육도 대부분 무료로 운영하고 있다). 돈이 없어서, 시간이 없어서라는 말은 다 핑계다. 마음만 먹으면 언제 어디서든 배움의 길은 열려 있음을 잊지 말자.

내가 주로 이용하는 사이트 몇 군데를 소개한다.

고용노동부 직업능력지식 포털(www.hrd.go.kr)

휴직 기간 동안 가장 많이 애용한 사이트다. 고용노동부 지원으로 대상이 되는 사람에게 '국민내일배움카드'를 발급하고 온·오프라인 교육비를 지원한다. 구직자, 근로자 과정으로 나뉘며 다양한 분야의 과정을 수료할 수 있다. 관심 있는 분야가 있다면 주저하지 말고 등록하길 추천한다.

과정 수강 방법 : HRD 사이트 홈페이지 가입 → 국민내일배움카드 신청 → 카드 발급 후 HRD 사이트 온라인 수강 신청 → 수강 등록 → 수강 시작 → 수강 종료 후 HRD 사이트 수강평 작성

지원 제외 대상 : 현직 공무원, 사립학교 교수진, 졸업예정자 이외의 학생, 최근 3개월간 월 300만 원 이상 임금을 받는 대기업 45세 미만 직원, 연매출 1억 5천만 원 이상 자영업자, 사업 기간 1년 미만인 자영업자, 최근 3개월간 월평균 소득 300만 원 이상인 특수형태 근로자, 75세 이상

주의 사항 : 국민내일배움카드로 수강 신청했을 경우 대부분 80퍼센트 이상 출석을 해야 하며 국민내일배움카드(미소지 시 QR 코드)로 출결 태깅을 해야 한다. 실수로 태깅을 하지 않을 시 결석으로 인정되므로 주의해야 한다.

서울특별시 평생학습 포털(sll.seoul.go.kr)

서울시에서 운영하는 평생학습 센터로 온라인 학습, 몽땅1번지, 서울자유시민대학, 문해학습 등 다양한 학습 교육이 있다. 취미 생활

과 건강, 인문학 등의 교양 강좌는 물론이고 외국어와 자격증 취득, 취업 준비와 같은 강의도 무료로 볼 수 있다. 사이트의 이름은 서울특별시지만 전국 어디에서나 찾아가고 이용할 수 있다. 포털에서 검색하면 바로 찾을 수 있을 정도로 유명한 사이트다.

각 지역별 학습 포털사이트

서울시와 별개로 각 구청이나 지역에서 무료 강좌를 운영하고 있다. 다양한 온·오프라인 프로그램을 운영하고 있다. 코로나19 이후 비대면 온라인 강좌를 확대하고 있는 추세다.

아래 몇 군데 사이트를 소개한다. 지역별로 대부분 운영하고 있다.

- 성북학습포털(www.sb.go.kr/edu)
- 경기도 무료 온라인 평생교육서비스(www.gseek.kr)
- 광주광역시 시민사이버학습센터(elearning.gwangju.go.kr)

K-MOOC(www.kmooc.kr)

2015년에 시작된 K-MOOC는 교육부와 국가평생교육진흥원에서 지원하는 무료 온라인 교육 사이트다. 무크(MOOC)란 Massive, Open, Online, Course의 줄임말로 오픈형 온라인 학습 과정을 뜻한다. 온라인 학습동영상 강의로 현재는 질의응답, 토론, 퀴즈, 과제 제출 등 양방향 학습을 할 수 있다.

한국콘테츠아카데미(edu.kocca.or.kr)

한국콘텐츠진흥원에서 운영하는 사이트로 콘텐츠와 관련한 여러 가지 교육과 대관 등을 지원하고 있다. 콘텐츠와 관련된(영상, TV 프로그램 작가, 만화 등) 무료 강의가 알차고 다양하게 지원되고 있으니 관심 있는 분야가 있다면 많은 도움을 받을 수 있다.

5장

사회생활에도 삶에도 속도조절이 필요하다

내 마음의 스트레스 신호를 감지하자

스트레스는 초기 진압이 중요하다

코로나 사태로 긴 휴직 기간을 갖다가 잠시 업무에 복귀했을 때의 일이다. 기한 내에 처리해야 할 일이 생겨 급히 복귀했고, 사안이 급해 서둘러야 했다. 그런데 처리해야 할 업무가 다른 부서의 협조를 받아야 하는 일들이 대부분이라, 혼자서 서두른다고 해결되지 않았다. 그런데 요청한 자료는 오지 않고, 휴업 기간이라 같이 일을 할 직원은 없고, 그렇다고 타 부서 사람들을 다그칠 수도 없고 하다 보니 갑자기 스트레스가 조금씩 올라오는 것이 느껴졌다.

목이 뻣뻣해지고 뒷골까지 욱신거리기 시작했다.

'엇 이러면 곤란한데.'

잠시 눈을 감고 숨을 크게 들이마시면서 내쉬고 어깨를 뒤로 돌려 내렸다. 고개도 좌우로 위아래로 돌리며 호흡과 함께 1분 동안 내 몸의 신호에 집중했다. 이렇게 하고 나자 일단 목이 뻣뻣해지고 뒷골까지 욱신거리는 현상이 사라지고 마음이 좀 안정되었다. 예전 같았으면 당장 저녁에 번개를 쳐서 술을 마시며 스트레스를 해소했을 텐데, 이제 아니다. 변한 나를 보며 순간 웃음이 났다.

회사 업무를 볼 때 예정대로 안 되거나 일상생활을 할 때 내 마음대로 안 될 경우에는 예상하지 못했던 순간들에 스트레스가 나타나면서 나의 몸에 신호를 준다. 다만 우리는 그 신호를 제대로 인식하지 못할 뿐이다. 그 작은 신호가 왔을 때 바로바로 신호에 대한 응답을 해주어야 한다. 목이 당기면 호흡과 함께 목 스트레칭을, 어깨가 딱딱해지면 어깨 돌리기를, 머리가 지끈거리면 눈을 감고 머릿속을 잠시 비워내야 한다. 쌓이면 병이 된다. 항상 초기 진압이 중요하다.

2020년 4월과 7월, 이천과 용인의 대형 물류센터에서 잇달아 화재가 일어나 많은 인명 피해가 났다. 그럴 때마다 전문가들이 하는 말은 거의 비슷하다. 가장 기본적인 소방법을 준수하고 관리자들이 안전점검을 철저히 할 것 그리고 초기 진압의 중요성이다. 우리 몸도 그렇다. 신호가 오기 전에 예방하는 게 가장 좋고, 신호가 왔으면 무조건 초기에 진압을 해야 한다. 내 마음에 소화기를 항상 준비하고 소화기를 사용하는 방법을 늘 숙지해 놓자.

내 몸의 소화기를 찾자

전자제품에는 꼭 '사용설명서'가 첨부되어 있다. 나도 최근에 건조기를 바꾸었는데 설치기사님이 작동법을 비롯해 알아야 할 기초적인 부분을 자세히 설명해주었다. 그런데 설명을 들을 때는 다 알겠더니만, 혼자 하려고 보니 아리송한 부분이 많았다. 그냥 감으로 사용할 수도 있지만, 혹시나 하는 마음에 사용 설명서를 꺼내봤다. 설명서에는 기기에 대해 소비자가 알아야 할 것들이 자세하게 설명되어 있었다. 이럴 땐 어떻게 하면 되고, 무엇을 하면 안 되고 등등. 역시 사용설명서를 한번 읽어보길 잘했다는 생각이 들었다.

요즘은 집에도 소화기를 갖춘 가정이 대부분인데 작동법을 제대로 아는 사람이 별로 없다. 나 역시 우리 집 소화기를 한 번도 자세하게 본 적이 없다. 그냥 문 옆에 먼지 쌓인 장식품처럼 놓여 있다.

궁금해서 사용설명서를 보니 대략 이런 내용이다.

"불이 난 곳으로 소화기를 옮기고, 손잡이 부분 봉인줄을 제

거, 안전핀을 뽑은 후 바람을 등지고 불이 난 곳을 향하게 하고 소화약제를 골고루 뿌린다. 보관할 때는 사용하기 편한 곳에 두고 햇빛과 습기를 주의한다."

불이 났을 때 초기 진압을 할 수 있는 소화기 사용 방법이 정확하고 자세하게 적혀 있다.

나는 내 마음에 화재가 났을 때 소화기를 잘 사용했었나? 제대로 작동을 하는지, 소화기 사용법을 숙지하고 있었나? 아니었다. 보통 스트레스를 받거나 화가 나면 속에서 열불이 나는데 마음속에 있는 소화기로 초기 진압을 한 적이 별로 없었다. 불을 끄겠다고 물을 가져다 붓거나, 심지어 기름을 부은 적도 더러 있다. 그러니 마음이 바짝 타들어갈 수밖에. 그런 바짝 타들어간 마음은 몸에 안 좋은 신호를 보내는 게 당연하다.

'다.양.한.나'를 매일 실시하고 있는 나는, 이제 마음속에서 열불이 나더라도 자연스럽게 소화기로 초기 진압을 할 수 있다. 소화기 사용법을 생각하며 호흡을 들이쉬며 안전핀을 뽑고 열불이 난 방향으로 호흡을 내쉬며 소화기를 쏜다. 마음이 타 들어가기 전에 상황 종료다.

상황별 소화기 사용 루틴 – '일.단.고.마.워'

갑자기 욱하는 일들이 발생하고 그것이 스트레스가 되어 내 몸에 신호를 줄 때 간단하게 내 마음속 소화기를 사용해 화재를 진압할 수 있는 루틴이다.

- 일 : 1초만 숨을 들이쉬어(상사가 버럭할 때 1초만 숨을 들이쉬고 기다린다).
- 단 : 단번에 대답하지 마(업무 파트너가 무리한 요구를 할 때 단번에 대답하지 않고 두 호흡 후에 대답한다. 그러면 욱하지 않게 된다).
- 고 : 고개를 호흡과 함께 위아래로 움직이고 좌우로 돌린다(업무에 집중하다 보면 거북목이 된다. 일하는 사이사이, 수시로 호흡하며 고개 운동을 해준다. 거북목 탈출의 시작이다).
- 마 : 마음 비우기(주변 동료나 가족, 친구로부터 마음에 흠집이 났을 때 일단 눈을 감고 마음을 비운다. 그 사이 상처는 소독되고 별거 아니라고 생각하게 된다).
- 워 : 워~~ 컴다운(밀려드는 업무나 집안일로 갑자기 폭발하고 싶을 때 깊은 호흡과 함께 어깨를 뒤로 돌려 내리고 팔을 위로 뻗었다가 훅 하고 내린다).

자기만의 트레이드마크를 만들자

기본 '디폴트값'은 너무 평범해

최근 영상 제작 수업을 열심히 듣고 있다. 생전 처음 다뤄보는 프로그램을 쓰면서 많이 배우고 있다. '이렇게 하면 이런 화면이 나오는구나, 또 조금만 다른 숫자를 넣으니 전혀 다른 영상의 화면이 나오는구나' 하면서 말이다.

지금 내가 배우는 과정은 완전 초급 과정이라 사진을 영상으로 만드는 걸 배우고 있다. 사진을 영상으로 만들 때 픽셀을 동일하게 다 맞추고 시작하는 게 기본이다. 아니면 기본 영상 화면이 이상하게 보인다.

사진을 편집하다 문득 이런 생각이 들었다.

'회사 생활도 똑같은 거 아닐까?'

기본적인 픽셀은 다 동일하게 맞춘 상태에서 시작해야 한다. 기본값, 즉 디폴트를 맞춰야 한다는 뜻이다. 디폴트(default)란 응용 소프트웨어나 컴퓨터 프로그램, 또는 장치에서 사용자의 개입 없이 자동으로 할당되는 설정 또는 값을 말한다. 즉 별도로 설정을 하지 않은 초기 설정값이라고 생각하면 된다. 이 위에서 추가로 이런 기능 저런 기능들을 넣으면 된다. 아침에 정시에 출근하는 것, 내가 맡은 일은 다 하고 퇴근하는 건 디폴트값이다. 이건 그냥 회사원이면 무조건 해야 하는 거다. 다만 아쉽게도 디폴트값만으로는 멋진 영상을 만들 수가 없다. 그냥 그런 평범한 사진을 붙여놓는 수준이 된다. 그럼 너무 무미건조한 회사 생활 아닌가? 하루 24시간 중에 가장 오래 머물며 근무하는 공간이 무미건조한 건 너무 슬프다.

기본 디폴트에 추가 애니메이션도 넣고, 음향 효과도 넣고, 다양한 기능들을 추가하면 훨씬 근사한 영상이 제작된다.

조금만 더 일찍 출근해서 하루를 준비하고, 맡은 일이 다 처리되었는지 확인하고 퇴근하고, 약간의 솔선수범을 하면 나의 디폴트값보다 훨씬 멋진 영상이 나오는 회사 생활이 될 것이 분명하다. 그렇다고 워라밸을 무시하고 회사일에만 매진해서 눈치보며 출근하고 퇴근하라는 뜻은 아니니 오해는 말자. 단 디폴트에 플러스 몇 가지만 더해 자신을 업그레이드시켜보면 어떨까?

회사에 입사하면 다들 시험은 이제 더 이상 없다고 생각할 것이다. 젊은 시절 치열하게 공부하고 입사했으니 이제 열심히 회사 일에만 올인하면 된다고 생각한다.

그 착각은 입사 교육 첫날에 산산조각이 날 것이다. 시험의 블랙홀에 온 것을 환영한다. 시험이 끝났다고 생각하면 또 다른 시험을 봐야 하고 또 다른 업무 테스트를 봐야 하고, 마치 '이것은 블랙홀인가?'라는 생각이 들 수도 있다. 새로운 업무 지식을 익힌다는 건 시간이 많이 드는 일이다. 그리고 그것을 확인할 객관적인 자료가 나름 필요하기 때문일 것이다. 시험은 우리를 지치고 힘들게 하지만 또 좋은 자극을 주는 것도 사실이다. 심지어 나는 휴직 기간인데 또 다른 시험들을 보며 지내고 있지 않은가? 참 아이러니한 일이 아닐 수 없다.

회사에서 일을 잘한다는 기준은 사실 여러 가지가 있다. 실무를 잘하는 직원, 업무 지식이 탁월한 직원, 인간관계가 좋은 직원 등등 너무나 다양하다. 특히 큰 회사일수록 직원의 숫자가 많기 때문에 기본적인 시험으로 일차 평가를 할 수밖에 없을 것이다. 우리 회사는 교육 부분이 체계적으로 굉장히 잘되어 있는 회사인데, 그만큼 각종 시험도 많다. 그래도 본인의 직무와 관련된 꼭 통과해야 하는 시험이 있다면 그것만큼은 통과하고 회사 생활을 하면 좋겠다. 정말 일을 잘하고 모든 부분에서 탁월한 직원이 있는데 회사에서 원하는 기본적인 시험을 통과하지 않아서 역량을 발휘하지 못하는 사람들을 많이 봐왔다. 비록 끝나지 않은 시험의 블랙홀이지만 좀 더 나아갈 수 있다는 생각으로 가차 없이 블랙홀을 빠져나가자.

나의 인증샷은 '올백' 머리

나는 일명 '올백' 머리를 매우 좋아한다. 하기 편하기도 하고 일단 일할 때 머리가 안 흘러내려 좋다. 나는 성격이 급하기 때문에 일할 때 걸리적거리는 게 있으면 신경이 쓰인다, 답답해서 앞머리도 안 내린다. 이 올백 머리가 딱이다. 그래서 무작정 좋아한다. 젊을 때부터 올백스타일을 좋아했는데, 정장과도 어울리고 회사 분위기와도 어울렸다. 다만 나이가 좀 들어 보일 뿐! 그래서 젊을 때는 어려 보인다 등의 말은 한 번도 못 들어봤다. 약간 노안에 가까웠다고나 할까?

이 올백스타일 머리를 하고 풀 정장을 입고 하이힐을 신고 많이 걸어 다녔는데, 다들 낮은 구두를 신어라, 플랫슈즈를 신어라 조언들을 많이 했었다. 하지만 올백엔 하이힐 아닌가! 포기할 수 없다. 나의 이미지가 회사의 이미지로 이어지는데 그럴 순 없다. 나는 항상 내가 근무하는 회사를 '무형의 명품'을 파는 회사라고 생각했다. 실물이 없는 명품이지만 회사의 서비스 상품이, 또 나의 모습이, 태도가 파트너사들의 신뢰로 이어질 수 있다고 믿었다. 그래서 나는 이런저런 이유로 회사 생활 내내 올백스타일을 고수하고 있다. 나를 잘 모르는 직원이라도 아! '그 올백 머리?' 하고 나를 떠올릴 수도 있다. 이 올백 머리는 나의 트레이드마크이며, 인증샷 같은 존재다.

미용실에 가서 돈을 많이 안 써도 되고(어차피 파마를 해도 바로 다음 날 올백으로 돌아와 있기 때문) 머리가 뻗쳐도 올백을 해버리면 되니 감고 자도 문제가 없다. 시간 절약에는 최고의 헤어스타일이다. 나는 보통 운동을 후 샤워를 하고 모든 준비까지 10분에서 15분 정도 걸린다. 보통 성인 남자보다 빠를 때도 있다. 같이 운동하는 언니들이 깜짝깜짝 놀라곤 한다. "여기 군대니?"라고 웃으며 이야기하는 언니도 있었다.

회사 내 누군가가 나를 설명할 때 "그 파이팅 넘치는, 매번 정장에 올백 하는 직원 있잖아?"라고 해주었으면 한다. 우리는 회사 내에서 어떻게 설명되는 존재인가? 자신만의 작은 트레이드마크가 있으면 성공한 회사 생활이다. 물론 긍정적인 방향으로 말이다.

아쉽게도 지금은 휴직 기간이라 이 올백 머리를 못하고 있다. 대신 번헤어(발레할 때 묶어서 동그랗게 망에 넣는 머리)를 많이 하고 있다. 올백과 흡사해서 나름 만족하고 있다. 빨리 다시 올백을 하고 회사에 출근하고 싶다.

회사 생활 뭐 있어?

"회사 생활 뭐 있어? 월급받고 하는 건데 그냥 대충 하자."

보통 이런 이야기를 많이 한다.

많이들 들어도 보고 해보기도 했을 것이다. 그런데 내가 해본 결과 회사 생활 '뭐' 분명 있다. 내 결론은 이거다. 내가 하루 중에 제일 많은 시간을 보내는 회사는 지금의 나를 있게 해주고 좋은 사람들을 만나게 해주었다. 그리고 소속감이라는 마음의 안정을 주었다.

회사에 다닐 때는 내가 누구인지, 어떤 일을 하는 사람인지 구구절절 설명을 하지 않아도 되었다. 명함 한 장으로 내가 무슨 일을 하는 사람인지를 한 번에 알려줄 수 있었다. 설명이 따로 필요하지 않았다. 그런데 지금은 나를 설명하려면 너무 길다. 회사를 오래 다니다가 코로나로 인해서 지금 쉬고 있고, 그래서 이것저것을 하고 있고 어쩌고저쩌고…….

회사에 나가지 못하니 더 특별하게 느껴진다. 원래 사람의 심리가 못하게 하면 하고 싶고 더 애틋하게 느껴지고 그런 것이다. 내가 다니고 있는 회사에, 조직에 그리고 동료들에게 좀 더 진심을 다하자. 회사 생활을 하면서 만난 동료들, 선배들, 친구들이 인생을 더욱 풍요롭게 해주고 함께 앞으로 나아갈 동무가 되어준다. 힘든 순간, 기쁜 순간들을 함께한 그들이 있어서 인생이 풍요롭다. 곧 다시 함께 사무실에서 지지고 볶을 그날을 기다린다.

힐링이 되는 그 소리

들어는 봤나? A.S.M.R.

요즘 인터넷이나 TV를 보면 A.S.M.R.이라는 용어를 자주 듣게 된다. 사실 처음엔 A.S.M.R.이 무슨 뜻인지 몰라서 초록창에 검색을 해봤던 기억이 난다. A.S.M.R.(자율감각 쾌락반응: Autonomous Sensory Meridian Response)은 뇌를 자극해 심리적인 안정을 찾게 하는 것으로 주로 자연의 소리, 바스락거리는 소리 등을 말한다. 쉽게 말해서 나에게 힐링이 되는 소리라고 느껴지면 A.S.M.R.인 것이다.

하지만 나에게 A.S.M.R.은 또 다른 의미가 있다. 사회생활을 하는 데, 일상생활을 할 때도 이 나만의 A.S.M.R.을 마음속에 기억하며 생활하려고 노력하고 있다. 개인적인 생각이긴 하지만 이 A.S.M.R.만 서로 잘 지켜도 언성을 높이거나 짜증을 내는 일 따위는 없지 않을까?

나는 회사 생활을 오래 했고, 다양한 부서에서 근무했고, 휴직 전까지도 많은 사람들과 함께 일을 해왔다. 서로 성향이 다른 타인과 타인이 만나서 예상치 못했던 일들로, 급하게 처리해야 하는 업무로 부딪히고, 스트레스받고, 서로에게 흠집을 냈던 경험이 있다. 그러면서 느낀 점은 최소한의 A.S.M.R.만큼은 지켜서 서로를 존중해야 한다는 것을 몸으로 마음으로 알게 되었다. 일란성쌍둥이라도 100퍼센트 똑같진 않다. 외모도 성격도 일부는 다르다. 이렇게 일란성쌍둥이라도 차이점이 분명히 존재하며 갈등이 생길 텐데 서로 다른 우리는 오죽하겠는가? 우리 서로 최소한의 A.S.M.R.은 지키면서 지내면 좋지 않을까?

조직 생활에서 염두에 두어야 한다고 생각하는 A.S.M.R.을 소개한다.

조직 생활의 A.S.M.R.

- A : Attitude(태도)
- S : Smile(미소)
- M : Manners(예의)
- R : Respect(존중)

가장 중요한 A

내 A.S.M.R.에서 가장 앞자리를 차지하는 A는 Attitude(태도)다. 알파벳의 시작이기도 하며, 무언가를 설명할 때나 사례를 들 때 많이 쓰는 A!

Attitude는 모든 일의 기본이며, 시작이다. 심지어 혼자 명상을 할 때도 나에 대한 나의 태도조차 너무 중요하다. 명상을 하면서 나를 존중하는 태도가 없다면, 그 명상은 엉망이 될 것이 분명하다. 심지어 사회생활을 하면서 다른 사람을, 일을 대하는 태도는 너무나 중요하다.

몇 해 전 신입 직원들이 우리 부서에 여러 명 발령받아 온 적이 있었다. 내가 근무하는 부서는 신입 직원은 잘 오지 않는 부서이기 때문에 나 포함 선배들의 관심은 신입 직원들한테 많이 쏠려 있었다. 그때 유독 인사를 잘하는 후배가 있었는데, 아침에 출근하면 선배들한테 다 다니면서 인사했다. 사실 별거 아닐 수도 있지만, 그 태도가 너무 예뻐 보였다. 과하다고 이야기하는 직원들도 있었지만, 그런 태도를 배워야겠다는 생각이 들었다. 그러면서 작은 일이라도 잘 알려주고 싶은 마음이 들었다.

좋은 태도는 나를 가고자 하는 방향으로 이끌어준다. 내 몸은 비록 미숙한 구체관절인형처럼 움직일지라도 열심히 애쓴다면 발레 클래스에서만큼은 발레리나와 같은 태도를 가질 수 있다. 요가 수업에서는 한없이 깊이 있는 요기니와 같은 태도를, 일을 하면서는 프로와 같은 태도를 갖기만 해도 날마다 조금씩은 발전해 있는 나를 발견할 수 있다. 좋은 태도는 상대방의 마음까지 움직이며, 스스로를 좀 더 나은 사람이 되도록 이끌어준다. 모든 일의 기본이 A(Attitude)임을 잊지 말자.

웃으면 복이 와요 S

웃는 얼굴에 침 못 뱉는다. 이 말은 진짜 정답이다. 누군가 환하게 웃는 얼굴을 보면 기분이 안 좋다가도 나까지 기분이 좋아진다. 어린 아가들이 웃는 보습을 보고 같이 웃게 되는 그런 경험들이 한 번쯤은 있었을 것이다. 아마 웃음은 전염이 돼서 그런 게 아닐까? 내가 생각하는 두 번째의 S는 Smile(웃음)이다.

〈몬스터 주식회사〉라는 애니메니션을 보면 몬스터들이 아이들의 비명소리를 모아 에너지원을 삼는다. 마지막에 보면 아이들의 웃음소리가 비명소리와는 비교도 되지 않게 큰 에너지원이라는 사실이 나온다. 웃음은 그런 거다. 주변을 기분 좋게 하며, 마음을 여유롭게 하고, 삶을 풍요롭게 만든다. 업무를 하면서 스트레스를 받을 때 끝도 없는 집안일로 지쳤을 때 나를 향해 한번 웃어주자. 나에게 먼저 미소 지어주고 또 다른 사람에게도 나의 미소를 보내주자. 출근을 할 때, 버스를 탈 때 먼저 웃으며 인사하자.

나는 굉장히 잘 웃는 편이다. 사소한 일에도 웃고, 아재 개그에는 거의 박장대소를 한다. 그런데 어느 날 눈가와 코 옆에 주름이 보이기 시작했다. 나이가 들면서 웃으면 눈가의 주름과 팔자 주름이 깊어지는 게 느껴진다. 많이들 하는 시술(?)을 한번 해야 하나 하는 생각이 들었다가 바로 접었다. 자연스럽게 세월과 함께 생긴 웃는 주름은 괜찮다. 그리고 생각해봤다.

'계속 웃고 있으니 팔자 주름이 덜 눈에 띄잖아. 안 거슬리는데?'

더 많이 웃으면 된다는 결론을 얻었다.

눈가에 힘을 풀고 누구에게나 미소 지어주자. 가족과 동료에게 먼저 웃으면 복이 온다. 나 자신과 누군가에게 활력소가 되는 일은 정말 간단하다. 작은 미소면 된다.

'Manners maketh men'의 M

어디서 많이 듣던 대사일 것이다. 영화에도 나오고 노래 가사에도 나온다. 어쩜 이리 찰떡같은 대사를 만들었는지 그 작가 대단하다.

'매너가 사람을 만든다.'

정답이다. Manner(매너)가 사람을 만든다. 사소하지만 이 세상을 살아가는 질서를 유지하는 것이 매너의 시작이 아닐까?

격식 있는 행사에 참석하는데 슬리퍼를 신는다거나, 조문을 하러 가는데 화려한 꽃무늬 옷을 입는 것은 매너가 아니다. 매너는 서로가 지켜야 하는 암묵적인 약속이며, 오랜 시간 누적해온 행동의 방식이다. 모든 상황에는 그에 맞는 매너가 존재한다. 전철을 탈 때도 줄을 서야 하고, 요즘 같으면 마스크를 항상 쓰고 있어야 한다.

발레 용어 중에 'Reverence(레베랑스)'라고 있다. 발레 수업이 끝나기 전에 서로가 서로에게 하는 인사로, 이것은 발레의 매너이며 서로에게 감사하는 마음이 담겨 있다. 발레 음악에도 이 레베랑스가 짧지만 단독 트랙으로 항상 존재한다. 개인적으로 레베랑스의 음악이 항상 제일 좋다고 느껴진다. 요가도 마찬가지다. 끝날 때 두 손을 합장하고 "Namaste(나마스테)"라고 인사를 한다. 나마스테는 인사를 넘어 서로를 존중하는 마음이 담겨 있다. 같이 호흡을 나누고 함께한 서로에 대한 매너인 셈이다.

우리가 서로에게 또 모든 상황에 맞는 매너를 지키는 일은, 우리를 세상에 자연스럽게 물들게 하고 더 빛나게 한다.

"우리 서로 최소한의 매너는 지킵시다."

우리 모두 R해요

요즘 여기저기 Respect(리스펙)한다는 이야기를 많이 듣는다. 힙합 경연을 하는 프로그램에서 특히 많이 본 것 같다. 다양하게 요즘 많이 쓰이고 있는 단어인데, 우리가 생활하면서도 몹시 필요한 단어다. 서로가 서로를 존중하는 마음만 있다면 언성이 높아지고 스트레스받을 일이 줄어들 텐데 모두가 같은 마음이 아니라 안타깝다.

업무를 하다 보면 타 부서 직원들한테 메일을 보내서 요청할 일들이 제법 있는데, 이때 직원들 성향이 딱 나타난다. 거절을 할 때도 정중하게 안 되는 사유와 함께 대안을 주는 직원, 단답형으로 안 된다고 하는 직원, 아예 답을 안 하는 직원도 있다. 메일을 보면서 이렇게 생각한 적이 많았다.

'나도 이렇게 성의 없게 회신을 한 적이 있나?'

고심하며 나 자신을 돌아보게 된다.

우리 모두 회사를 위해 근무하는 직원들이고, 똑같은 월급을 받는 동료들이다. 또 언제 어느 자리에서 같이 근무하게 될지 모른다. 최소한 같은 직원을 존중하는 마음을 담아 간단하게라도 성의 있게 회신하자. 같은 문구를 저장해두고 Ctrl+C, Ctrl+V 하면 되는 것 아닌가? 서로가 서로를 'R'하자.

《슬램덩크》가 가르쳐준 사회생활의 기본기

다시 만난 슬램덩크

이노우에 다케히코의 만화 《슬램덩크》에 빠져서 지내던 시절이 있었다. 배를 깔고 생라면을 깨먹으며 《슬램덩크》를 보면서 세상 행복했다. 지금도 《슬램덩크》는 나의 최애 만화다. 코믹스 단행본 전권, 비디오 전편을 다 소유할 정도다.

이 《슬램덩크》에는 다양한 캐릭터들이 나오는데, 나는 그중에서도 능남 에이스 윤대협(7번)의 팬이었다. 보통 주인공인 강백호, 서태웅을 많이들 좋아했지만, 난 윤대협이 제일 좋았다. 실력은 출중하나 자만하지 않고, 조급하지 않으며 결정이 정확하고, 주변을 아우르며 항상 미소를 짓는 인물. 결정적으로 가장 잘생긴 인물! 그런 멋진 캐릭터를 어떻게 만들었을까? 나는 《슬램덩크》를 보면서 윤대협에 푹 빠졌다. 나중에 성인이 되면 윤대협 같은 사람을 만나고 싶다고 생각했다.

나는 아침에 집에서 나가면 모든 스케줄을 다 마친 뒤에 집으로 들어온다. 중간에 비는 시간이 있어도 좀처럼 집에 들렀다 나가지 않는다. 집에 들어오면 다른 할 일이 눈에 띄어 마음이 번잡하거다 정반대로 편안함으로 유혹하는 것들이 너무 많기 때문이다. 그래서 붕 뜨는 시간이 생기면 가끔 만화 카페를 찾는다.

요즘 만화 카페는 정말 너무 잘되어 있다. 쾌쾌하게 냄새 나고, 라면 국물이 군데군데 떨어져 있던 옛날의 만화 가게를 생각하면 큰 오산이다. 쾌적한 시설, 안락한 공간에 맛있는 음식이 즐비하다. 결정적으로 온 카페가 만화책으로 둘러싸여 있다. 입구에 발을 디디는 순간 미소가 절로 나오는 공간이다.

유명한 웹툰부터 신간 만화들까지 즐비한 그곳에서 한참을 어떤 만화를 볼까 서성이다가 결국 나는 《슬램덩크》를 집어 들었다. '시간 관계상 딱 10권까지만 보고 가야지' 하고 마음을 먹었으나, 그럴 리가! 나는 결국 뒤에 이어지는 약속을 미뤘다. 커피와 떡볶이를 주문하고 11권부터 다시 정주행을 시작했다.

역시! 눈을 뗄 수가 없다. 몇십 년이 지난 지금 다시 봐도 재미있다. 모든 캐릭터들이 살아 숨 쉬고 있으며, 인물 하나하나의 성장기가 내 주변인이 성장하는 듯 친근하고 가슴 벅차며 현실처럼 느껴진다.

'이것은 단순한 스포츠 오락 만화가 아니야.'

다시 만난 《슬램덩크》는 예전에 못 보고 지나쳤던 다른 사실들을 내게 일깨워주었다. 어떻게 팀워크를 이뤄서 성장해나가는지를 있는 그대로, 사실적으로 보여주고 있었다. 혼자 잘났다고 팀이 승리하는 것도 아니며, 팀워크가 좋다고 승리를 하는 것도 아니다. 개인의 역량이 잘 발휘되어 좋은 팀워크가 생겨야만 승리를 할 수 있는 것이다.

당신은 회사에서 어떤 캐릭터인가? 강백호? 서태웅? 윤대협? 채치수?

나의 20, 30대, 열정 만랩 강백호

북산 10번 강백호는 어디로 튈지 모르는 인물이다. 우연한 기회에 농구를 시작했으나 진정한 농구의 기쁨을 알아버린 사나이!

지금 생각해보면 나의 젊은 시절과 비슷하다. 물불 안 가리고 일단 해보는, 주변 사람들한테 파이팅은 주지만 피곤하게 만드는 그런 캐릭터였던 것 같다. 처음 강백호가 윤대협과 한 코트에서 뛴 날 에이스 윤대협은 의욕만 넘치는 강백호에게 이렇게 이야기한다.

"나를 상대하려면 죽도록 연습하고 와라."

그 경기를 계기로 강백호는 제일 싫어하는 기본기부터 다지기 시작한다. 나의 젊은 시절 회사 생활도 그랬던 것 같다. 기본기도 제대로 안 갖춰진 상태에서 슬램덩크부터 하고 싶어 했다. 눈에 띄고 싶어 했고, 무조건 무엇이든 해보고 싶어 했다. 가장 중요한 기본이 없었는데 말이다. 파트너사에서 무리하게 말도 안 되는 요구를 해도 일단 나는 파트너사의 요구대로 해주려고 애썼다. 그게 나만 해결해준다고 되는 일이 아니었는데도 그랬다. 여러 사람의 도움을 받아야 하고 안 되는 걸 이리저리 확인해가며 해야 되는 일들인데도 말이다.

당시 나는 내가 하는 행동들이 회사에 득이 되는 행동이라고만 생각했다. 동료들은 염두에 두지 않았다. 지금 생각해보면 나는 튀고 싶었던 것이다. 슬램덩크가 하고 싶었던 것이다. 레이업슛 먼저 해야 하는데, 무조건 슛은 슬램덩크 하나만 있는 것처럼 행동했다. 농구에 존재하는 그 숱하고 다양한 슛에서 오로지 멋져 보이는 슬램덩크에만 꽂혀서 후보 선수 딱지를 떼자마자 슬램덩크를 시도하려 하다니…… 젊은 시절의 치기와 호기가 부른 결과(?)였다고 생각한다.

젊은 시절 내 넘치는 파이팅 때문에 피곤하고 시달렸을 동료들에게, 당시 파트너사 직원들에게 이제와 미안하고 감사하다. 하지만 그런 시절이 있었기에 또 지금의 내가 있는 것이라고 생각한다.

지금 당신은 슬램덩크를 하고 싶은가? 강백호처럼 앞만 보고 달려가는 중인가? 그렇다면 한 템포만 천천히 쉬고, 레이업 슛부터 시작하길 바란다.

'아니, 왜 자기는 하고 싶은 거 다 해놓고 한 템포 쉬라고 해?'라고 생각할 수도 있으나, 미리 경험하고 지나온 날들을 돌아보니 그랬다면 훨씬 더 좋았을 거라는 약간의 후회가 남기에 그렇다. 나는 다시 '백 투 더 퓨처'를 할 수는 없으니, 꼭 말해주고 싶다. 나의 거침없는 열정과 패기로 소중한 동료와 주변인에게 민폐는 주지 말자고.

어차피 1등은 윤대협

윤대협은 완벽한 캐릭터다. 승리를 이끌 줄 알며, 농구를 즐기고, 사람을 알아본다. 말도 안 되는 강백호의 천재성을 알아차렸고, 어떤 순간에도 여유를 잃지 않고 몰입한다.

신랑을 따라 피규어숍에 갈 일이 있었는데, 《슬램덩크》 캐릭터들이 피규어로 전시되어 있었다. 당시 나는 윤대협 피규어를 발견하자마자 들었다 놨다를 열 번 이상 반복했다. 고민 끝에 윤대협 피규어만 사면 뭔가 어울릴 것 같지 않아 그냥 내려놨지만 지금도 못내 아쉽다.

좌충우돌 열정 만랩 강백호, 천상천하 유아독존 서태웅, 포기를 모르는 불꽃남자 정대만, 최강 센터 고릴라 채치수 그리고 노력형 천재 윤대협. 이렇게 다섯 명의 생생한(?) 피규어를 언젠가는 꼭 사고 말리라.

이번에 《슬램덩크》를 다시 읽으면서 포기를 모르는 정대만의 캐릭터도 꽤 멋있다고 생각했다.

"그래, 난 정대만. 포기를 모르는 남자지."

맞다. 끝날 때까지 끝난 게 아니다! 마지막 순간까지 포기를 하지 않는 정대만의 모습이 멋있게 느껴졌다. 하지만 어쩌니 저쩌니 해도 역시 내겐 윤대협이 최고다. 윤대협은 나한테 그런 존재다. 마음속 이상형? 내가 닮고 싶은, 《슬램덩크》 만화의 주인공은 아니지만 주인공보다 훨씬 매력적인 캐릭터를 가진 인물이다. 주변을 함께 성장시키고 이끌어가며, 지쳐 있는 팀원들에게 힘을 준다.

지금 휴직 중인 이 순간순간, 윤대협이라는 캐릭터가 자꾸 생각나는 건 왜일까? 모든 것들을 대하는 그의 태도 때문이 아닌가 하는 생각이 들었다. 복직했을 때 나는 윤대협 같은 좋은 직원으로, 동료로, 파트너로 같이 근무하고 싶다. 나도 그런 사람이 되고 싶다. 모두가 힘들고 지쳐 있을 이 시기를 윤대협처럼 현명하게 다 같이 잘 이겨냈으면 한다.

그래서 나의 《슬램덩크》 이상형, 어차피 1등은 윤대협이다!

돌+I
질량보존의 법칙

돌+I 감지법

돌+I 질량보존의 법칙. 어느 조직에나 돌+I는 존재한다는 것이다. 주변에 또는 친구의 친구 회사에, 아니면 같이 근무하는 동료가 그 인물일 수도 있다. 그것도 아니면 안타깝게도 나 자신이 돌+I일 수도 있다. 다만 이 돌+I는 본인이 돌+I임을 자각하지 못한다. 그렇기 때문에 내가 아는 그 돌+I가 남들도 다 인정하는 돌+I라면 다행히 나는 해당 사항 없다고 보면 된다.

사회생활을 하면 굉장히 다양한 종류의 사람들과 일하게 된다. 나의 경우만 봐도 주변에 희한하게 항상 사람을 불편하게 하는, 남들과 다른 태도를 가진 사람들이 존재했던 것 같다. 그런 사람과 엮여 일하게 되면 일단 안 좋은 에너지를 받는 것부터가 힘에 부친다. 그들은 모든 일에 불만이고, 모든 업무에 사사건건 피곤하게 굴기 때문이다. 그렇다고 철두철미하거나 열정이 차고 넘쳐서 그런 것은 아니다. 도대체 그 머릿속에 들어가서 무슨 생각을 하고 있는지 엿보고 싶은 적도 많다.

어느 날 파트너사의 친한 직원하고 차를 마셨는데, 본인의 사무실에 돌+I가 있어서 힘들다며 한참을 하소연했다. 나 같아도 힘들겠다는 생각이 들어 위로를 해주었다. 그런데 얼마 뒤 파트너사 직원이 밝은 목소리로 연락을 해왔다. 자신을 괴롭히던 그 돌+I가 다른 회사로 이직해서 신난다는 소식이었다. 나도 덩달아 같이 축하를 해주었다. 그런데 채 며칠 지나지도 않아 이번엔 더 강력한 다크호스 돌+I가 등장했다며 어떻게 이런 기묘한 일이 있는지 모르겠다고 했다.

일명 '돌+I 질량보존의 법칙'이 그래서 생겨난 말인지도 모르겠다. 어디에나 있고, 늘 일정량 이상 유지된다. 누구나 경험할 수밖에 없고 누구나 될 수 있는 그런 인물!

나 자신이 최소한 누구에겐가 돌+I는 아니었을까? 제발 그런 일은 없었기를 기도한다.

돌+I를 피하는 법

태양을 피하는 방법도 아니고, 돌+I 피하는 방법이라니, 참 씁쓸하다. 하지만 어찌하겠는가? 무서워서 피하는 게 아니고 스트레스를 덜 받기 위해 한발 물러서는 게 속 편하다.

돌+I가 직장 상사라면 정말 최악이다. 동료나 후배면 그래도 좀 버텨볼 만하다. 하지만 직장 상사가 돌+I면 답이 없다. 약한 정도의 돌+I 님이길 바랄 수밖에…….

아직까지 수평적인 구조보다 수직적인 구조의 조직이 더 많다. 나의 평가권을 가지고 있는 누군가가 돌+I라니…… 생각만 해도 아찔하다. 다행히 아직까지 나는 바로 직속 상사가 돌+I인 경우가 없었다.

그러나 건너건너 부서의 돌+I는 만난 적이 있다. 그 사람은 무조건 소리부터 지르고 본다. 본인이 마치 로커인 줄 착각하는 것 같다. 그때 같이 소리를 지르게 되면 큰 갈등이 생긴다. 소리 지르는 돌+I를 만났다면 큰 호흡을 한 번 하고 일단 멈춘다. 만일 그게 전화라면 일단 조용히 수화기를 내려놓는다. 마주 보고 대면하는 상황이라면 자리를 피하는 게 상책이다. 같이 소리 질러봐야 남는 게 없다. 득음만 하게 될 테니 말이다.

가장 품질(?)이 나쁜 유형이 '강약약강' 형의 돌+I다. 의외로 꽤 많다. 초지일관 '강강' 형은 그래도 봐줄 만하다. 하지만 강한 사람한테는 약하고, 본인보다 약자라고 생각하는 사람들한테는 강한 척하는 돌+I를 만난다면 일단 약하게 보이지 않는 게 관건이다. 설령 초반에 그렇게 보였다 하더라도 위치를 재선정하여 맞설 필요가 있다. 당당하게 논리적으로 할 말을 하고 따질 것은 따지는 것이 이런 유형의 돌+I들에게는 직방이다. 같은 돌+I 기질이 있다는 걸 보여줘야 수그러들기 때문이다.

이 외에도 각양각색의 돌+I들이 존재하는데, 어떤 유형의 돌+I일지라도 제일 편한 것은 한 귀로 듣고 한 귀로 흘리는 것이다. 이 방법은 모든 돌+I들에게 통하지만, 특별한 내공이 필요하다. 돌+I를 피할 수 없다면, 마음을 조금만 달리 가져보자. 그냥 안됐다고 생각하자. 아프거나 어려운 사람들을 보면 측은지심이 생기지 않는가? 그냥 정신과 마음이 남들보다 좀 아픈 사람이라 생각하자. 단번에 마음을 바꾸기 어려우니 수시로 명상과 호흡으로 마음 수련을 하자. 아픈 사람 떡 하나 더 주자. 언젠가는 그 아픈 부분들이 나아질지도 모르니. 적어도 그 돌+I 때문에 내가 억울한 일은 없을 터이니.

셀프 돌+I 진단

돌+I는 기본적인 성향과 특징이 있다. 가끔 나도 일을 하다가 '나 돌+I인가?' 심각하게 생각한 적이 있었다. 나는 알지 못하지만 숨겨진 성향이 분명 있을 것이다. 1분을 할애하여 '셀프 돌+I 진단 테스트'를 해보길 바란다. 개인적인 의견이지만, 오랜 시간 많은 돌+I를 보고 생각해서 만든 문항이니 아주 허무맹랑하진 않을 것이다.

셀프 돌+I 진단 테스트

	문항	예	아니요
1	갑자기 소리를 지르며 화를 내본 경험이 있다.		
2	후배 또는 동료의 아이디어를 내 것인 것처럼 이야기해본 적이 있다.		
3	정보를 얻기 위해 좋은 사람 코스프레를 하며 착한 척한 적이 있다.		
4	내 말이 다 정답이라고 생각한 적이 있다.		
5	잘되면 내 덕, 안 되면 남의 탓이라고 생각한다.		
6	나는 절대적으로 조직에서 필요한 존재라고 생각한 적이 있다.		
7	비판이나 험담은 주로 뒤에서 한다.		
8	감정에 호소하며 업무를 처리한다.		
9	강한 사람한테는 약하고, 약한 사람한테는 강한 스타일이다.		
10	나의 이상한 행동을 나만 모른다.		

- '예' 숫자가 1~3개 : 사회생활하기 무난한 유형
- '예' 숫자가 4~6개 : 돌+I 될 성향이 다분함
- '예' 숫자가 7~10개 : 전형적인 돌+I

결과가 돌+I로 나온다고 해도 너무 좌절하지 말자. 개선하면 된다. 내가 돌+I 성향이 있다는 걸 알았다는 것만으로도 큰 성과이자 첫걸음을 떼는 셈이다. 나의 과거가 돌+I라면 그것을 경험 삼아 더 나은 사람이 될 수 있다. 중요한 건 오늘이고 앞으로 다가올 미래다. 남에게 상처주면 언젠간 부메랑이 되어 나에게 다시 돌아온다는 걸 명심하자.

지금이야말로
기회를 기다릴 기회

멀티태스킹과 멀티플레이어

우리가 흔히 알고 있는 멀티태스킹(Multitasking)이라는 뜻은 여러 가지 일을 한 번에 처리하는 것을 말한다. 음악을 들으며 자료를 만들고 그러면서 통화도 하는. 이렇게 한 번에 많은 일들을 하는 것을 멀티태스킹이라고 한다. 그리고 또 하나 비슷하게 잘 쓰는 용어가 멀티플레이어(Multiplayer)다. 멀티플레이어는 다방면에서 다재다능한 면모를 발휘하는 사람을 말한다. 축구로 치면 수비도 잘하고 공격도 잘하는 그런 선수라고 보면 된다.

최근에 회사 동료를 만났다. 근무조에 포함되어 있는 동료였는데 생각보다 너무 정신없고 바쁘다고 이야기했다. 원래도 일을 잘하고 열심히 하는 동료 입에서 힘들다는 이야기가 나와서 깜짝 놀랐다. 그런데 들어보니 정말 그럴 만했다.

코로나19로 휴직 상태가 지속되고 있는 우리 부서는 인원의 80퍼센트가 휴업 중이고 20퍼센트가 근무하고 있다. 각 팀별로 최소 인원만 남은 것이다. 다 같이 근무할 때는 자신에게 맡겨진 일, 즉 자신의 담당 업무만 잘 처리하면 된다. 한 가지 일에만 집중하면 되는 것이다. 그런데 지금 근무하는 동료들은 사무실 내에서 발생하는 모든 일을 다 처리해야 한다. 본인의 담당이 A 업무일지라도, B 관련, C 관련 등의 문의 사항이나 요청 사항이 오면 확인해서 회신을 해주고 처리해야 한다.

문제는 다른 부서도 비슷한 상황이라는 점이다. 시간이 걸린다. 내 업무만이라면 정확히 안내를 해주고 처리를 해줄 수 있을 텐데, 나의 업무가 아니라면 이야기가 달라진다. 요즘은 비정상적인 상황도 많이 발생하기 때문에 확인하는 시간이 더 많이 걸린다.

동료의 얼굴이 반쪽이 되어 있었다. 또 하나 문제는 코로나19로 인해 모든 기업이나 개인들이 휴업은 아니라는 점이다. 우리의 고객은 우리가 휴업인지 아닌지와 상관이 없다. 본인들이 필요한 사항을 얼마나 빨리 처리해주는지가 중요하다. 그러니 지금 근무하는 동료들은 멀티플레이어에 멀티태스킹을 할 수밖에 없는 상황인 셈이다. 멀티태스킹, 멀티플레이어 둘 중에 하나 하기도 어려운데, 그 어려운 걸 둘 다 한 번에 하고 있다. 마음속으로 몹시 미안하고 고마웠다. 그러면서 이런 생각들이 들었나. 나도 멀티태스킹을 하는 멀티플레이어가 되어야겠구나 하고 말이다. 더 열심히 다른 업무들을 배우고 익혀놔야 한다. 언제 어디서든 멀티태스킹을 하는 멀티플레이어가 되도록 말이다.

임대와 대기 사이에서

동네 단골 식당 중에 몇 군데가 문을 닫았다. 즐겨 가던 식당들인데 갑자기 '임대'라고 적힌 현수막이 붙어 있어서 방문했다가 그냥 헛걸음을 친 경우가 종종 있다. 코로나19가 생각보다 너무 길어지고 고객이 감소하니 버티기가 어려웠으리라.

우리 가족 중에도 인사동에서 자영업을 하는 사람이 있다. 인사동은 관광객들의 매출이 제법 큰 부분을 차지하는 상권이라 관광객이 뚝 끊어진 요 몇 달 타격이 심각하다고 했다. 월세와 인건비를 못 버티고 문을 닫는 곳도 하나 둘 늘어난다고 했다. 쇼핑하는 내국인들 발길도 끊어지고 전체 상권이 움츠러드니 점점 더 위축되고 악순환의 연속이라고 했다. 엎친 데 덮친 격이 이럴 때 쓰는 말인 듯했다.

내국인 수요라도 살아나면 좋겠다는 바람을 가져보았다. 종로의 큰 대로변에도 메인 건물처럼 보이는 곳들에 다 '임대'라는 현수막이 붙어 있다. 어떤 골목은 죽은 자들의 도시처럼 느껴지는 곳도 있다. 종로와 인사동에서 '임대'라는 현수막을 보게 될 줄은 몰랐다.

그런데 희한하게도 사람이 몰리는 가게들은 엄청 줄을 서서 대기한다. 한쪽은 '임대', 한쪽은 '대기'. 기이한 상황이 아닐 수 없다. 대기를 하는 곳들은 음식이 아주 맛있거나, 분위기가 좋거나, 가성비가 높거나 특별한 무엇인가를 확실하게 장착하고 있는 가게들이다. 이런 어려운 상황에서도 불황을 모르고, 끝없이 고객을 '대기'하게 만드는 노하우를 가지고 있는 것이 확실하다. 고객이 원하는 가치를 정확히 알고 있는 것이다.

보이지 않는 옷을 입고 찾아오는 기회를 기다리자

지금의 항공업과 여행업의 상황도 종로의 '임대' 건물들과 그리 다르지 않다. 끝이 보이지 않는 코로나19가 점점 모든 것들을 위축되게 한다. 관련 업계 일부 회사들은 희망퇴직을 준비하고 있다고 한다. 친한 파트너사 차장님도 이번에 희망퇴직을 한다고 연락이 왔다. 마음이 착잡했다. 일단 다들 최대한 잘 견디고 버텼으면 한다. 코로나19 이후에 다시 파이팅하면서 일하는 그 시간을 준비하고 싶다.

코로나19 이후의 시간들을 어떻게 대비해야 하는 것일까? 나의 특별한 경쟁력은 무엇일까? 업무에 대한 노하우가 있는가? 나는 우리 고객들의 가치를 향상시켜줄 수 있는 직원인가? 솔직하게 나를 돌아보고 날것의 나를 바라보자. 나는 회사에 필요한 직원인지, 월급을 받을 만한 가치가 있는지…….

내가 월급을 준다고 생각하면 제일 날것의 나를 바라볼 수 있다. 객관적인 진단이 나왔다면 부족한 점들은 보완하고 특별한 무언가를 장착할 수 있는 내가 되어야 한다. 유행은 돌고 도는 것처럼, 이런 위기들도 다시 기회로 찾아올 것이 분명하다. 멀지 않은 미래에 '코로나 겪어봤어? 나 코로나도 버텨냈어' 하고 웃으며 이야기할 수 있기를 바란다. 기회는 준비된 사람에게 온다고 했다. 언제 어디서 기회라는 녀석이 나타날지 모른다. 그때 그저 그런 일처럼 흘려보내지 않았으면 한다.

세상은 넓고 갈 곳은 많다

발리에서 생긴 일

2002년 10월 어느 날 인도네시아 발리의 쿠타 해변 근처에서 자살 폭탄 테러 사건이 발생한 적이 있다. 이 사건으로 200여 명이 사망했고, 300여 명이 큰 부상을 당했던 큰 사건이다. 사망자 대부분이 관광객들이었고 유럽인, 미국인들이 대다수였던 엄청 큰 사건이었다. 나는 회사 동료들하고 그 즈음에 발리를 갈 계획이 있었는데, 이 사건으로 미루었다.

그리고 2년 정도 지난 2004년에 배우 조인성을 스타의 반열로 끌어올린 드라마 〈발리에서 생긴 일〉을 보고 발리를 다시 꿈꾸게 되었다. 지금도 여전히 패러디되는 조인성의 '주먹 오열' 신은 이제 클래식의 반열에 오를 정도다. 이때 조인성의 나이는 스물네 살로 거의 신인이나 다름없었기에 그 장면이 더욱 사람들에게 큰 울림을 주었다고 생각한다. 본방으로 보지는 못했어도, 이 드라마의 후광이 워낙 셌기에 이후에 열심히 몰입해서 보던 나는 화면에 나오는 발리의 아름다운 모습을 보고 발리를 다시 찾고자 마음먹었다. 특히 석양이 지는 신은 압권 중의 압권이었기에 어서 발리의 해지는 풍광을 봐야겠다고 서둘렀다.

그렇게 2004년이 지나고 2005년, 회사의 친한 언니들 네 명과 스케줄을 조정해서 드디어 발리로 향했다. 같이 있기만 해도 즐거운 언니들이라 재미있는 여행이었다. 첫날부터 아융강에서 재미있는 래프팅을 하며 즐거운 시간을 보내고 마사지를 받았다. 드라마에서 보던 것처럼 발리는 파라다이스에 가까웠다.

다음 날 여유 있게 조식을 먹고 수영을 한 후에 유적지 몇 군데를 방문했다가, 마지막 짐바란이라는 유명 관광지에서 저녁을 먹고 숙소로 들어오는 일정이었다. 식사를 하고 숙소로 돌아오는데 갑자기 경찰차들이 검문을 하기 시작하더니, 차량 통제를 했다. 짐바란은 숙소와 꽤 가까운 거리였는데 숙소까지 오는데 한참 시간이 흘렀다. 가이드가 무슨 사건이 좀 있는 것 같다며 우리를 안심시켰고, 일단 다 같이 숙소에 들어와서 TV를 켰다. 그런데 우리가 식사를 했던 짐바란이라는 곳에서 자살 폭탄 테러가 발생한 것이다. 그 시간에 우리도 짐바란에 있었는데 너무 소름끼치는 일이 아닐 수가 없었다.

그 사건으로 여행 분위기는 반전되었다. 그 좋았던 발리가 한 순간에 지옥으로 변했다. 바로 어제까지 신나게 래프팅을 하며 소리를 지르던 일이 먼 과거처럼 느껴졌다. 우는 사람, 집에 전화해서 안전하다고 안부를 전하는 사람, 공항으로 전화하는 사람, 각자의 스타일대로 그 순간을 이겨내려고 노력했다. 그런데 그때도 나는 좀 특이했던 것 같다. 어차피 지금 할 수 있는 게 없으니 그냥 자버렸다. 그리고 우리는 일정을 당겨서 귀국하려고 공항으로 왔는데 사람이 너무 많았다. 분명히 좌석 여유가 있었는데, 사람들 마음은 다 똑같은가 보다. 어쨌든 우여곡절 끝에 서울로 돌아왔다.

잊을 수 없는 발리의 추억을 안고, 발리를 떠날 때는 다시 가지 않겠다고 마음먹었는데 나는 그 이후로도 두 번을 더 방문했다. 너무 아쉽게, 본의 아니게 떠나게 되어 더 가고 싶은 마음이 들었던 것 같다. 지금은 가고 싶어도 갈 수 없지만, 다시 여행을 할 수 있다면 발리를 가장 먼저 가고 싶다. 친한 요가 선생님과 발리에 가서 요가 수련을 해보고 싶다. 자연 속에서 요가를 한다는 상상만으로 마음이 설렌다. 그날을 기다리며 또 깊은 호흡을 한다.

그땐 그랬지

카니발의 노래 중에 '그땐 그랬지'라는 곡을 매우 좋아한다. 특히 곡의 내용이 와닿는다. "참 어렸었지, 뭘 몰랐었지, 설레는 젊음 하나로 그땐 그랬지"라고 시작한다. 지금은 말할 수 있다. 정말 20대에는 설레는 젊음 하나로 못 갈 곳, 못 할 일이 없었다.

에든버러에서 유학 중인 친구를 만나겠다고, 혼자 런던에서 야간버스를 열두 시간이나 타고 에든버러에 갔던 기억, 베네치아 가면축제에 참석하겠다고 숙소 예약도 없이 갔다가 방이 없어서 민박을 겨우 구했던 기억, 뉴욕의 호텔이 너무 비싸서 밤에 맘 좋은 한국인 언니네 집에서 잤던 기억, 체코에서 여권을 도둑맞아 밤에 경찰서에 가서 떨면서 조서를 썼던 기억, 정말 20대에는 별의별 일을 다 겪었다. 항상 예기치 않은 일들이 생겼지만 두려워하지 않았다. 젊음 하나로 그땐 그랬던 것 같다.

30대에는 스키를 타고 스쿠버다이빙을 하러 다니느라 관광지가 아닌 곳에 많이 갔다. 지금 생각하면 어떻게 그런 곳을 다 갔었을까 하는 생각도 든다. 시설도 열악하고, 교통도 불편했다. 하지만 내가 좋아하는 것들을 하러 간 것이기에 가능하지 않았을까 싶다.

결혼을 하고 40대 초반에는 여행을 가려면 일단 좋은 숙소부터 차량, 현지 투어, 쇼핑까지 예약하고 돈까지 미리 지불한다. 현지에서 우왕좌왕하는 시간들이 아깝고 답답하다. 그냥 편안한 여행이 되었으면 하는 생각이었다. 아니면 현지에서 다툼이 생기기 때문에 미리미리 준비하고 간다. 여유롭기는 하지만 임팩트 없는 쉬는 여행이 대부분이었다.

40대 중반이 넘어간 지금의 나는 무언가를 하러 가는 여행의 즐거움을 다시 느끼고 있다. 뉴욕에 가서 발레를 하고, 치앙마이에 가서 요가를 하고, 방콕에 가서 골프를 치고, 현지에서 현지인들과 함께하는 즐거움을 알아버렸다. 혼자 무언가를 즐기며 했던 여행과는 다르다. 함께 계획하고 현지에서만 느낄 수 있는 그런 여행에 설레고 흥분된다. 올해 2020년 초만 해도 발레 메이트와 상트페테르부르크에 가서 발레를 하고 공연을 보고, 친한 언니들과 태국에 골프를 치러 가자고 하고, 이래저래 계획이 정말 많았다. 2020년은 계획만 세우다 지나갔지만, 코로나19가 좀 안정되면 진정한 설렘을 안겨주는 여행을 하고 싶다. 조만간 백신과 치료제가 빨리 보급되어 어디든 갈 수 있고, 무엇이든 할 수 있는 시간들이 빨리 오길 바란다.

젊어서 고생은 사서도 한다

이런 내 경험을 이야기하면 젊어서 왜 사서 고생을 하냐고 반문하는 사람도 있을 것이다. 하지만 내가 경험해본 결과 젊었을 때 무엇이든 많이 해보고 여행도 많이 다녀보라는 것이 좋다. 그냥 앉아서 영상이나 인터넷으로 보는 세상과 내가 직접 즐기는 세상은 하늘과 땅 차이다. 내가 맛있는 것을 먹는 것과 남이 먹는 것을 보는 것이 다른 것처럼 내가 직접 경험해보면 모든 것들이 다르게 느껴진다. 영화를 볼 때, 음악을 들을 때, 모든 순간 내가 가본 것과 아닌 것은 느낌 자체가 다르다. 뉴욕이 배경인 마블 영화를 봤다면, 내가 가본 뉴욕의 작은 골목의 카페가 날 것이고, 센강이 배경인 노래를 들었다면 센강을 걸었을 때의 감정이 느껴질 것이다. 아무리 지금이 '언택트(Untact)' 시대라 해도 내가 직접 경험하고 가본 것들에 대한 기억들을 대신할 수는 없다.

여행이 주는 설렘과 즐거움을 우리는 잘 알고 있지 않은가? 나는 지금 내가 가고 싶은 곳, 하고 싶은 일, 먹고 싶은 음식을 적어보며 혼자 나름의 여행을 준비하고 있다. 더 나이 들기 전에 많은 것들을 해보고 싶다.

사스, 메르스도 길었지만 우리는 이겨냈고, 제아무리 코로나19 바이러스라도 언젠가는 잠잠해질 것이다. 마스크를 쓰는 일상이 되었어도 내 마음속의 설레는 여행에 대한 계획은 가지고 있었으면 한다. 인생은 길다면 길고 짧다면 짧다. 한 치 앞도 알 수 없으니 말이다. 너무 우울하지 않게, 즐겁고 설레는 추억들을 많이 가졌으면 좋겠다. 나중에 인생의 안녕을 고할 때도 웃으면서 추억할 수 있는 순간들이 많으면 정말 잘 산 인생이 아닐까?

북큐레이션 • 원하는 곳에서 꿈꾸고, 가슴 뛰는 삶을 살고 싶은 이들을 위한 책

《일시정지는 처음이라》와 함께 읽으면 좋은 책. 나만의 속도와 방식을 찾아 인생의 그림을 새롭게 그려나가고 싶은 이들을 응원합니다.

보이지 않는 것을 보는 힘

정광남 지음 | 13,800원

"다른 눈으로 보아야 달라진다. 세상도 그렇다"
새로운 발상으로 새로운 일상을 디자인하라!

이 책은 사소한 일상과 뻔해 보이는 세상에서 번뜩이는 통찰과 아이디어를 끄집어내는 법을 소개한다. 카피라이터로 오랫동안 일해온 저자는 107개의 길고 짧은 글에서 '1% 다르게 보는 힘'을 보여준다. 평범한 시선과 빛나는 통찰은 어떻게 다를까? 또 매끄러운 낱말과 생각 근육이 쌓인 낱말에는 어떤 차이가 있을까? 광고인 특유의 재기발랄한 발상과 반전의 묘미가 실린 글이 독자들을 웃음의 담장을 넘어 생각의 숲으로 안내한다. 카피라이터의 머릿속을 훔쳐보고, 경험과 사고의 틀을 깨고 싶은 이들에게 일독을 권한다.

어반스케치 수업

김도이 지음 | 14,000원

일상의 순간을 담고 싶은 그림 초보자도
작품을 그릴 수 있도록 도와주는 어반스케치!

어반스케치는 도시의 경관이나 거리, 건물을 그리는 것을 말한다. 출근길 아침, 단골 카페, 집 앞 거리 등 평범한 일상부터 즐거운 여행, 사랑하는 사람과 보낸 행복한 시간, 함께하는 반려동물까지 눈앞의 순간을 기록하는 특별한 방법으로 떠오르고 있다. 미술을 배우지 않은 일반인도 조금만 연습하면 얼마든지 나만의 작품을 그릴 수 있다. 이 책은 선을 그리는 방법부터 도형, 작은 소품, 풍경까지 차근차근 그릴 수 있도록 도와준다. 집에 있는 노트와 펜으로 맘에 드는 순간을 나만의 작품으로 남기는 매력에 빠져보자!